지금 힘든 건
너무 많은 것을
알아버렸기
때문이다

KOKORO NO NICHIYOBI-45-nin no counselor ga kataru kokoro to kimochi no hogushi-kata' edited by Taizo Sugano

Copyright © 1994 by Taizo Sugano
All rights reserved.
Original Japanese edition published by Houken Corp, Tokyo.

This Korean edition published by arrangement with Houken Corp, Tokyo in care of
Tuttle-Mori Agency, inc, Tokyo.
Korea Translation Copyright © 2014 by Big Tree Publishing Co.

이 책의 한국어판 저작권은 Tuttle-Mori Agency를 통해 Houken Corp, Tokyo와 독점계약한 큰나무에 있습니다. 저작권법에 의해 한국 내에서 보호를 받는 저작물이므로 무단전재와 복제를 금합니다.

스가노 타이조 외 지음
박진배 옮김

삶의 무거움을 덜어내는 45인의 심리상담소

지금 힘든건
너무많은 것을
알아버렸기
때문이다

서문

삶의 무거움을 덜어내는
45인의 심리상담소

심리상담사, 사이코 테라피스트, 임상심리사, 심리요법의, 심리임상의 등 우리를 부르는 호칭은 여러 가지입니다. 여기서는 심리상담사라고 하겠습니다.

이 책에는 여러 명의 의뢰인이 등장합니다. 우리에게 있어 의뢰인이란 갖가지 고민과 고통을 가지고 심리상담이나 심리요법을 받으러 오는 사람을 의미합니다. 우리의 업무는 의뢰인의 이야기를 차분히 들어주고, 그와 고락을 함께 하며 문제를 해결해 나가는 것입니다.

의뢰인과의 관계는 단 한 번의 상담으로 끝나기도 하고 때로는 5년, 10년간 이어지는 경우도 있습니다. 이 책에 수

많은 의뢰인과의 만남과 이별을 통해 우리가 생각하고 느껴온 것들 중 일부를 소개했습니다.

심리상담사는 병원에 있지만 의사처럼 '치료하지' 않고, 교육 현장에도 있지만 교사처럼 '가르치는' 일은 하지 않습니다. 우리는 고독하고 피로에 찌든 의뢰인을 위로하고 가능한 그와 밀접한 관계를 만들어 그 스스로 본인의 문제를 새로운 측면에서 생각할 수 있도록 돕는 역할을 합니다. 그것은 미력하지만 그 사람의 '인생'이라 불리는 것과 함께 동행하는 것이라고 할 수 있습니다.

이 책에 참여한 45명의 심리상담사는 모두 제일선에서 활약하고 있는 일류입니다. 이 기획을 흔쾌히 허락한 유명한 심리상담사들의 부드럽고 따뜻한 마음이 여러분에게 충분히 전해지길 바랍니다.

목차

서문 | 삶의 무거움을 덜어내는
45인의 심리상담소 4

제1장
여러 가지
삶의 방법
생각 방법

초심을 잃다 13
괴짜 요법 16
고양이를 닮자 19
거짓말은 정신건강의 시작 22
목적 없이 살아보자 25
개미와 베짱이의 재회 28
전직의 신전 31
인생의 벽 34
심리상담은 인생의 무도장 37
당신의 인생은 현재 몇 시인가 40
공평함은 죄를 짓는 것인가 43
차분한 얼굴을 한 우울한 심리상담사 46
잡담 49
분위기를 풍기는 말 52
한눈파는 여유 55
도련님은 동경에서만 산다 58
달갑지 않은 친절 61
삶의 가치는 죽음의 가치와 통하는가 64
잊을 수 있어 행복하다 68
너무 튀어나온 말뚝은 얻어맞지 않는다 71
골을 향해 달려가는 순간 74
근본이 어두워도 괜찮다 77
세상이 험하다는 건 거짓이다 80
심리학으로 마음을 아는 건 어렵다 83

제2장
자신과의 만남

처음부터 자신 있을 수 없다 87
심리학자는 수상하다 90
먼저 자기관찰부터 93
너무 많이 아는 것은 모르는 것만 못하다 96
있는 그대로의 자신을 이해 98
나를 감추는 법 100
생각한 걸 말하지 못하면 속이 탄다 103
입이 찢어지면 아무 말도 할 수 없다 105
고민 방법에도 습관이 있다 107
전문가의 눈, 초보자의 눈 109
왜보다 어떻게를 소중하게 112
간발의 차 114
소극적 경험 117
심리상담이 도움되게 하는 방법 119
멈춰 선 인생의 시간/끝난 인생의 시간 121
빈틈이 없으면 무너진다 124
의뢰인에게 배우다 126
마음의 문을 닫아버릴 때 129
공간의 감촉 132
지금 하려고 생각했는데 134
안전과 자유, 어느 쪽을 선택할까 136
고생을 강요하는 건 이제 그만 138
죽지 못해 고통스럽다 140

제3장
부모/자식
마음교육

가사와 육아는 반비례 145
아이의 마음을 부모는 모른다 147
의리가 없으면 끝이다 150
개와 걸으면 아버지가 된다 153
백조 되다 156
신경 쓰이는 체면 159
아이들은 어른의 모순을 파헤친다 162
서투른 애정보다 현금 164
아주 간단한 육아론 167
반항하는 아이는 잘 큰다 170
지금 아이의 마음속에서는 172
살아 있는 생물을 돌보는 건 힘들다 174
도깨비 퇴치에 나서지 않은 모모타로오 177
청년은 이제 고민하지 않는다 180
솔개는 매를 키울 수 없다 183
화풀이와 금빛 반짝임 186
아이가 될 수 있다면 어른이 될 수 있다 189

제4장
타인과 살아가기

햄릿의 불면증 193
심리상담사는 시험을 치른다 195
몸과 마음은 아주 친하다 197
훌륭한 고민 방법 199
낮잠은 심오하다 201
금주 요령 203
악순환에서 벗어나는 방법 206
증상은 당신을 지켜준다 209
문제 덩어리 212
역시 자기중심 215
울 수 있으면 편해진다 218
가능한 불규칙적으로 게으르게 221
시간을 보람 있게 쓰지 말자 224
가끔 멍하니 226
스트레스 해소만이 능사가 아니다 228
엄마 손은 약손 231
업어줘 귀신을 쫓기 위해서는 233
감정은 그 자리에서 푼다 236
에너지 수준 238

눈앞의 것에 욕심을 내보자 243
마음은 거짓말을 하고, 몸은 거짓말을 하지 않는다 24
말을 끝까지 들으면 알 수 없다 247
마음도 감기에 걸린다 250
마음은 합쳐지기를 두려워한다 253
마음 체험은 오셀로 게임 255
마음이란 무엇일까 258
반은 재미 삼아, 반은 억지로 261
마음이 보내는 신호 264
고통의 너머에는 행복이 267
진하게 꿈을 맛보자 270

제5장
내마음
신호듣기

제1장

여러가지
삶의방법
생각방법

초심을 잃다

초심은 당신을 고통스럽게 한다

어떠한 상황에서든 초심을 잃지 않는 것이 좋은 것일까요? 자신을 되돌아볼 때 초심을 잃어버렸다는 생각이 들면 보통 사람들은 자기에 대해 실망하고 말 것입니다.

초심을 잃고 깊은 고민에 빠진 대학교 3학년 학생이 있었습니다. 그는 신입생 시절 자신의 미래에 대해 계획을 세워두었다고 합니다. 학교 수업은 물론 어학 공부에도 힘을 써서 유학을 다녀온 다음 외교관이 되려는 것이었지요. 그러나 그의 계획은 대학 동아리 활동에 빠져 학업을 등한시하게 되면서 어그러지기 시작했습니다. 그는 동아리 활동으로 매일매일이 행복했지만 과연 이대로 계속 즐겨도 좋은지 고민에 빠지게 되었습니다. 초심, 즉 계획과는 다른 길을 가고 있었기 때문입니다.

한 직장인 또한 비슷한 고민에 빠져 있었습니다. 그는 동창회에 나갔다가 오랜만에 만난 친구들의 모습에 충격을 받았습니다. 본인의 일에 열정을 쏟으며 열심히 살아가는 친구들의 모습을 보고 자신을 되돌아보게 된 것입니다. 그는 초심을 잃고 열정과 패기 없이 살아가는 자신의 모습이 형편없이 느껴졌습니다.

"이건 아닌데, 이럴 생각이 아니었는데……."

이 말에는 초심을 잃어버려서는 안 된다는 의미가 내포되어 있다고 볼 수 있습니다. 우리는 초심을 잃지 않은 한결같은 사람에게 찬사를 보내고 또는 자신이 초심을 잃지 않았음에 안심하기도 합니다. 혹은 안심하기 위해 초심을 잃지 않은 자신을 찾아내려고 할지도 모릅니다. 하지만 그런 자신을 찾을 수 없다면 어떻게 될까요? 자괴감에 빠질 것입니다.

대부분의 사람이 초심을 잃어버립니다. 초심은 잃는 것이 당연합니다. 초심을 잃지 않는 것이 퍽 훌륭할지는 모르나, 그러한 사람이 되는 게 무엇이 좋을까요?

사람은 시간의 흐름에 따라, 주변 환경의 변화에 따라 달라지기 마련입니다. 당신은 미래에 어떤 사람이 되고 싶은가요? 지금 무엇을 생각하든, 미래는 그와 완전히 다른 모습일지도 모릅니다.

어떤 의미에서 보면, 초심을 잃지 않은 삶은 그만큼 경직되어 있다고 볼 수 있습니다. 그렇게 보면 그다지 훌륭한 삶이라고는 볼 수 없지요.

현재의 삶에 변화가 필요하다고 생각하는 것은 좋으나 초심으로 돌아가 생각하는 것, 초심을 다시 찾는 것은 좋지 않습니다. 처음 어떠한 생각을 했을 그때의 당신과 지금의 당신은 다르기 때문입니다.

주변을 돌아보세요. 많은 것이 바뀌어 있습니다. 또한 당신은 이전보다 더욱 많은 시간을 살아왔습니다. 과거의 초심이 아닌, 지금 당신이 있는 자리에서 다음의 당신을 꿈꾸세요.

괴짜 요법

괴짜라고 불리기 시작하면 성공이다

"사람들에게 인정받고 싶다."
"다른 사람이 나를 어떻게 생각하는지 신경 쓰인다."
"손가락질 당하기 싫다."

의뢰인 가운데 이런 이야기를 하는 분들이 많이 있습니다. 어떤 학자는 대부분의 사람이 이런 생각들을 가지고 있다고 말하기도 합니다. 이러한 고민을 안은 사람에게 나는 괴짜 요법을 권합니다.

금주 문제로 중년의 회사원이 상담을 하러 왔습니다. 그는 술을 마시면 자주 실수를 했고 또 선상상의 이유에서라도 금주를 하기로 결심했습니다. 하지만 막상 누군가 술을 권하면 거절을 하지 못했고, 그러면 안 된다고 생각하면서도 계속 술을 마셨습니다.

"저는 의지가 약한 걸까요……."

"어떻게 하면 주변 사람들이 당신을 괴짜로 여길지 한번 생각해 봅시다."

의아한 눈초리로 보는 그에게 다시 덧붙여 주었습니다.

"사람들이 당신을 괴짜라고 여기게 되면 나중에 원망을 덜하게 될 겁니다."

그 뒤로, 그는 '보통 사람으로 살아가는 피로'를 덜기 위해 노력했습니다.

사람들에게 인정받고 싶어 하는 심리 뒤편에는 놀랄 만큼 엄청난 자신에 대한 애착이 숨어 있는 경우가 많습니다. 다른 사람들이 자기를 평범하게 봐주길 바라면서 실은 보통 이상으로 봐주길 바라는 기대감이 있는 것입니다.

괴짜 요법을 실행에 옮기는 첫 단계는 일단 한번 튀는 행동을 해 보는 것입니다. 그러고 나서 사람들에게 물어보세요. 자신의 어떤 면이 괴짜다웠는지 혹은 어떤 면이 평범했는지를요. 거기에서 답을 얻으면 그 뒤로 계속 괴짜다운 행동을 하면 됩니다. 그러다 어느 날 사람들로부터 이런 말을 듣게 된다면 괴짜 요법이 완성됩니다.

"어차피 그 사람 하는 일이 다 그렇지 뭐."

제멋대로 행동하지만 왠지 허탈한 웃음을 짓게 하는 독특한 사람들이 우리 주변에는 꽤 많이 있습니다. 흔히 볼 수 있는 예로는, 코미디언들이 엉뚱한 소리를 하거나 독설을 내뱉어도 '저 사람, 원래 저러니까.' 하고 생각하는 것과 마찬가지입니다.

괴짜 요법은 실제로 괴짜가 되는 것 이상으로 '괴짜'를 스스로 받아들이는 과정이 중요하며, 그 결과 '손가락질을 당하고 싶지 않다'에서 '손가락질 당해도 상관없다'로 바뀌고, 더 나아가 '손가락질 당하고 싶다'는 경지에 이르게 됩니다. 그 이상으로 '아주 잘 손가락질 당하는 방법'에 대해 생각하게 된다면 더는 두려울 것이 없게 됩니다.

고양이를 닮자

도움이 되지 않는 사람이라도 좋지 않은가

직속 상사의 제안으로 심리상담을 하러 온 의뢰인이 있었습니다.

그녀는 무척 착실하고 양심적인 사람이지만 엄한 아버지 밑에서 자란 탓인지 무슨 일이든 '내 잘못이다', '내가 부족했다'며 자책하는 경향이 있었고 매사에 풀이 죽어 있었습니다. 그 때문인지 헌신적일 만큼 열심히 일하는데도 어떤 직장에서도 오래 버티지 못했습니다.

그녀는 울면서 이야기했습니다.

"저는 부족한 게 많은가 봐요. 다른 사람들은 쉽게 하는 일들이 저는 너무 힘들어요. 회사 동료들까지 힘들게 만드는 것 같아서 어깨가 무거워요. 회사를 그만두고 싶어요."

직속 상사의 말에 의하면 직장 동료 중에 그녀를 원망하거나 비난하는 사람이 있는 것 같지 않았습니다. 그럼에도 매일같이 반성하며 풀이 죽어 있는 부하직원을 어떻게 대해야 할지 몰라 상사는 무척 힘들어 보였습니다.

"신경을 많이 쓰고 있습니다. 금세 풀이 죽어서 회사를 그만두겠다고 할 때마다 위로하느라 진땀이 납니다. 자신감을 가지고 당당하게 행동하면 좋을 텐데 모든 게 자기 탓이라고 하면서 자주 풀이 죽어 있습니다. 반성해야 할 사람은 오히려 당당한데 말이에요. 세상 참 이해하기 힘든 점이 많습니다."

나는 그녀의 마음을 조금이라도 풀어주기 위해 고양이 이야기를 해주기로 했습니다.

"우리 집에 있는 고양이는 아무런 도움이 되지 않습니다. 집에 쥐가 있는 것도 아니고, 개처럼 집을 지키지도 않습니다. 하루 세 끼 챙겨 먹고 잠만 자죠. 생각해보면 아주 뻔뻔한 녀석이에요."

"맞아요. 제가 그 고양이라면 밥을 먹을 수조차 없을 거예요. 주인한테 너무 미안하니까요."

"그렇죠? 하지만 우리 고양이는 태도가 정말 건방집니다. 밤마다 몰래 나돌아 다니고, 흙 묻은 발로 이불 속에 들어오고, 좋아하는 것만 먹고, 다 마른 세탁물 위에서 잠을 자요. 생각해보면 미운 짓만 골라서 하죠. 하지만 식구들은 고양이에게 화를 내기는커녕 무척 귀여워한답니다."

"고양이는 원래 귀여우니까요. 아무 도움도 되지 않지만 그저 존재하는 것만으로 귀여움을 받죠……."

"고양이가 제멋대로 행동하는 모습이 행복해 보이기 때문이 아닐까요? 매일 고양이가 풀이 죽어 있다면 보는 사람도 괴롭겠지요?"

"맞아요! 저도 앞으로는 고양이처럼 사는 연습을 해야겠어요. 그 고양이 사진을 보여주실 수 있나요?"

그날 그녀는 처음으로 환하게 웃는 모습을 보여주었습니다.

거짓말은 정신건강의 시작

거짓말을 하지 않는 것이 더 나쁘다

거짓말쟁이는 도둑질의 시작이다, 쉽게 거짓말을 하는 사람은 도둑질도 아무렇지 않게 할 거라는 말이 있습니다.

질문형 성격검사에 허구척도가 포함되기도 하는데, 사회적으로는 상당히 필요하지만 실생활에서는 거의 일어나지 않는 질문을 합니다. 예를 들어 다음 질문에 답해 보십시오.

나는 거짓말을 한 적이 없다?
예 □ 아니요 □

과거 국민소득 증대를 약속했던 위정자들 중에 "나는 거짓말을 하지 않습니다" 또는 좌절을 맛본 정치가들의 인터

뷰에서 "나는 거짓말을 한 적이 없다"에 이르기까지 정치판에는 거짓이 넘쳐나고 있습니다. 공약의 대부분이 거짓이라고 해도 과언이 아닐 것입니다. 아마도 정치가들은 이런 성격검사 등을 필요로 하는 대상에서 제외된 사람들일지도 모릅니다.

'국민을 대표하는 정치가가 거짓말을 한다는 것은 거짓말을 하라고 가르치는 것과 마찬가지'라고 하는 사람들이 있지만 거짓말을 하는 것이 꼭 비난거리가 되지는 않습니다.

앞서 질문에 당신은 뭐라고 답했습니까? 성격검사에 응하는 사람들은 대부분 '나는 거짓말을 한 적이 없다'라는 질문에 대한 답으로 '아니요'에 체크를 합니다.

거짓말은 할수록 점점 늘게 되어 있습니다. 거짓말을 하게 되면 흔히 거짓말쟁이라는 꼬리표가 붙게 되는데 거짓말을 한다는 것은 고도의 정신적 달성입니다. 즉 자신의 내면을 가지고 있다는 것이고, 비밀을 감춰야 하는 대상이 존재한다는 것입니다. 다시 말해 자신의 내면과 외면, 자신과 대상의 명확한 분리를 이루고 있는 것입니다.

거짓을 감추려면 정신적 에너지를 상당히 소모하게 됩니다. 따라서 우리는 대부분 끝까지 거짓을 감출 수 없습니다. 결국 모든 걸 솔직히 털어놓거나 자연스레 상대가 거짓을 알아차리게끔 암시를 주게 됩니다. 이때 상대가 거짓을 눈치채

주지 못한다면 거짓말쟁이는 점점 고통을 맛보게 됩니다.

거짓말을 하면 거짓말쟁이라는 꼬리표가 붙게 되지만 그건 한순간이고, 상대에게 거짓이 들통 나면 그것은 이미 거짓말도 진실도 그 어떤 것도 아니며 더 이상 거짓은 존재하지 않게 됩니다.

거짓도 하나의 방법입니다. 일을 원활하게 진행시키기 위해 거짓말을 해야 하는 경우도 있습니다. 하나의 수단으로서 때론 거짓이 필요하다는 설교를 하는 것이 아니라 부도덕적인 말을 감히 해 보고 싶습니다.

거짓말을 해도 좋다!

거짓을 유지할 수 있는 정신력을 길러라!

목적 없이 살아보자

한가로운 사람이 되자

현대사회는 '한참 일할 나이', '공부할 나이'의 사람일수록 한가함과 느긋함에 익숙하지 않은 것 같습니다.

어렵게 찾아온 여유조차 왠지 시간 낭비라고 생각하거나 허전함을 느껴 또다시 그 공백을 메우기 위해 열심히 다른 일을 찾는 사람이 많습니다. 경제적으로 여유로운 생활을 영위할지 모르지만 다람쥐 쳇바퀴 도는 것과 다를 바 없습니다. 그리고 바쁘다는 자조적인 말투 속에 어딘지 모르게 뽐내는 것 같은 분위기조차 느낄 수 있습니다.

그런 사람에게 있어 아무 목적도 없이 마음 편하게 산다는 것은 상상 속에서만 허락될 뿐 현실 속에서는 그다지 환영받을 수 없을 것입니다.

쉼을 모르고 일만 하던 직장인을 상담한 일이 있습니다.

그는 회사를 한 번 그만둔 적이 있습니다. 퇴직 후 한동안 프리랜서로 활동하다가 취직하게 되었습니다. 현재 그의 고민은 어떤 일에서도 만족감을 찾지 못하고, 분명한 목적을 찾을 수 없다는 것이었습니다. 그럼에도 그는 일을 하지 않고 있으면 정신이상에 걸릴 지경이라고 했습니다.

그는 학창 시절부터 할 일이 없을 때는 상당히 곤혹스러웠다고 합니다. 특히 길고 긴 방학 동안에는 고통이 극에 달해 매일 미친 듯이 뭔가 할 일이 없는지 찾아다녔다고 합니다.

그에게 있어 '여유'란 일부 부자들의 특권 아니면 낙오자라는 증거였기에 쉼을 죄악이라 여겼습니다. 이런 성격이라 그는 프리랜서 시절에도 여유로운 생활을 하지 못했습니다. 매일같이 일에 전념하고 노력을 게을리하지 않으면 그것을 자랑으로 여겼습니다.

자신의 인생과 하루하루 삶의 목적이 '무조건 뭔가 하는 것' 자체가 되어버린 사람의 비애가 느껴졌습니다. 하지만 그것이 단순히 벌이나 사회적 인간이라 명명하거나 혹은 순간을 모면하기 위한 것이라면 자신의 인생에 아무런 도움도 되지 않을 것입니다. 그래서 나는 가끔 한발 물러나 다음과 같은 조언을 합니다.

"지금 상태에서 할 일을 끝없이 찾는다 해도 길은 열리지 않을 겁니다. 최악의 경우에는 집에서 푹 쉬게 될 수도 있고요. 힘들겠지만 한가하고 심심하더라도 이겨내야 합니다. 휴일에는 그저 쉬는 것이 당신에게 가장 좋은 명약입니다. 아무 목적 없이 한가하게 있는 건 정말 참기 힘들겠지요. 하지만 일상의 작은 것이라도 좋으니 조금씩 익숙하도록 노력하십시오. 가능한 적당히 하세요. 지나친 노력은 오히려 방황하게 만드니까요."

개미와 베짱이의 재회

놀이가 놀이로 끝나지 않는 비극

생각지도 못한 곳에서 우연히 아는 사람을 만나게 되면 여러 가지 생각에 잠기게 됩니다.

꽤 오래전의 일입니다. 많은 사람들과 스키장에 놀러간 적이 있는데 누군가 나를 부르기에 멈춰 서서 뒤돌아보니 고등학교 때 친구가 서 있었습니다. 넓은 스키장에서, 수많은 사람들이 스키를 즐기는 속에서 벌어진 깜짝 놀랄 우연이었습니다. 하지만 내게 있어 이 우연보다 더 흥미롭게 여겨진 것이 있었습니다.

실은 이 친구와 나는 스무 살쯤에 함께 스키를 시작한 동료이기도 했습니다. 내가 처음 스키장에 갔을 때 그도 마찬가지로 처음이었습니다. 그 후 두 번 정도 함께 스키장을 간 적이 있지만 세월이 흘러 각자의 길을 가게 되었고 약 10년 동안 거의 만날 기회가 없었습니다.

　스포츠라는 건 (스포츠에 국한하지 않고) 열심히 하다보면 다음 단계에 도달하게 되고 더 잘하기 위해 반드시 넘어서지 않으면 안 되는 벽이 있습니다. 그것은 스키도 마찬가지로 나는 한동안 스키에 푹 빠져 살기는 했지만 그저 재미로 즐길 뿐이어서 그 벽을 넘는 것이 쉽지 않았습니다. 이럴 때 나는 진중하게 도전하지 않고 쉽게 포기하는 성격입니다. 스키를 조금 즐기다가 점심때쯤 되면 맥주를 마시고 왁자지껄하게 노는 것을 좋아했습니다. 시간이 아깝다고 눈발이 흩날리는 속에서 스키를 타는 건 성격에 맞지 않았습니다. 어느 정도 숙달되면 그걸로 충분했습니다. 꼭 프로 스키어가 되고 싶은 것이 아니니까. 때문에 그날도 잠시 후 맛보게 될 맥주를 생각하며 스키를 타고 있었습니다.

　그런데 그 친구는 놀랍게도 스키 연맹의 합숙 훈련 때문에 왔다고 합니다. 아무래도 그 친구는 나와 달리 이후로도 열심히 스키에 몰두했던 것 같습니다. 나는 아무런 목적의식도 없이 즐기자는 주의였습니다.

　사람들은 제각각 여러 가지 방식으로 즐기고는 있다는 것을 알고 있습니다. 하지만 10년이란 세월이 이렇게 대조적인 만남을 준비하고 있다는 데 상당한 충격을 받았습니다. 내 생각을 말하자 그 친구는 이렇게 답했습니다.

"오히려 자네가 부럽네. 나는 놀이가 더 이상 놀이가 아니니까."

그러고 보니 어떤 프로 스키 선수가 일 외에는 절대로 스키를 타지 않는다고 한 말이 생각났습니다. 놀이가 직업이 되면 힘든 일도 많은 것 같습니다.

나는 과거의 회상은 접어두고 서둘러 돌아가려는 그 친구를 붙잡고 개인 레슨을 받아 의기양양한 기분이 들었습니다. 그리고 그는 순식간에 연습장을 향해 사라졌습니다. 그의 뒷모습이 마치 출근하는 샐러리맨처럼 여겨져 배웅하면서 나도 모르게 안도의 한숨을 내쉬었습니다.

전직의 신전

게임에서 배우는 인생

조금 오래된 이야기지만 '드래곤 퀘스트'라는 게임이 인기 몰이를 한 적이 있습니다. 게임 내용은 '용사' 등 일곱 종류의 캐릭터 중에 4개를 골라 팀을 결성한 후 모험을 하는 것입니다. 각 캐릭터들은 고유의 특징을 가지고 있습니다. 예를 들어 '전사'는 체력이 강해 많은 무기를 쓸 수 있지만 지혜가 모자라고, '건달'은 전투력이나 체력은 없지만 운이 좋습니다. 모험은 이들의 제각각 다른 성격 때문에 서로 협력하지 않으면 성공할 수 없게 되어 있습니다. 가장 흥미를 끈 것은 모험 도중에 '상인'이 '전사'로 인격을 바꿀 수 있다는 것입니다. 이것을 '전직'이라고 부릅니다. 전직을 하면 단지 모습만 변하는 것이 아니라 두 캐릭터의 특성을 합친 복합적 캐릭터가 생성됩니다. 이것을 가능하게 해주는 것이 '전직의 신전'입니다. 하지만 좋은 일만 있는 것은 아닙니다. 전직을 하게 되면 새로운 직장에 있어 신참이 되어 새로 생긴 능력을 충분히 발휘할 수 없을 뿐만 아니라 이전에 가지고 있던 능력도 반으로 줄어들어 한동안은 무력한 존재가 되고 맙니다.

이 드래곤 퀘스트에 나오는 '전직'은 심리상담과 닮은 점이 많은 것 같습니다. 심리상담에서 행해지고 있는 것을 한마디로 말하면 '삶의 방식 변환'입니다. 상담을 하러 온 사람들은 본인이 의식을 하든 못 하든 간에 그동안 적응해 살던 삶에 이상이 생겨 바꾸지 않으면 안 되는 상태라고 할 수 있습니다. 예를 들어 부모에게 애정을 받기 위해 '착한 아이'를 연기하고 자신의 욕구를 억누르며 살던 사람은 청년기에 접어들면서 어떡하면 좋을지 몰라 무기력해집니다.

삶의 방식을 바꾸지 않으면 안 되는 것은 부적응 때문만은 아닙니다. 발달단계에 따라 필요한 자원은 끝없이 바뀌며 그에 따라 몇 번이고 바꾸지 않으면 안 됩니다. 하지만 삶의 방식을 바꾸는 것은 드래곤 퀘스트의 전직처럼 지금 가지고 있는 능력을 일부 잃게 되는 것이며, 새로운 능력을 가질 수 있다는 보장도 없는 불안정한 상태에 몸을 맡기게 되는 것입니다.

익숙해져 편안한 삶의 방식을 단념하는 것은 큰 고통과 슬픔을 동반합니다. 새로운 삶의 방식을 발견하는 데는 상당히 긴 시간이 필요합니다. 그 기나긴 시간 동안 도움이 되는 것은 미덥지 못한 오감뿐입니다.

이 작업을 하기 위해서는 실패와 모험이 허용되는 안전한 시간과 장소가 필요합니다. 이것을 제안하는 것이 심리상담사의 일입니다. 또한 방황 속에서 행동의 의미와 위치를 확인할 수 있다면 커다란 위안이 될 것입니다. 이런 일을 돕는 것이 심리상담입니다. 심리상담은 인생에 있어 '전직의 신전'이라고 할 수 있습니다.

대부분의 경우 삶의 방식 변화는 부모와 주변 어른들의 눈에 그리 곱게 비치지 않습니다. 그럼에도 불구하고 자신을 변화시킬 시간과 공간을 확보하는 것이 모라토리엄(불가피한 상황에서 지급의 연기 또는 유예)의 본질이며 위험을 무릅써야 과거의 자신을 버리고 새로운 삶의 방식을 획득할 수 있게 됩니다.

인생의 벽

당신의 인생은 몇 가지?

모 대학 캠퍼스에 비가 내리고 있습니다. 학교 건물과 운동장 경계 구석의 조립식 건물은 동아리 연합 사무실입니다. 이곳에는 동아리 연합의 예산 분배를 위해 각 동아리의 회계 담당 학생들이 모여 있습니다.

이들은 동아리 이야기 말고는 전혀 대화를 나눈 적이 없으며, 또한 대표 선수가 될 만한 학생은 주장이나 주무 등의 요직에 있어 여기 모인 이들은 모두 동아리에서 특출한 존재가 아니었습니다.

이들은 예산 절충에 대한 아무런 진척 없이 3일을 흘려보냈습니다. 오늘은 한 대표가 비 때문에 전철 사고가 나서 한 시간 정도 늦는다는 연락이 왔습니다. 창밖에는 비가 내리고 학생들은 조립식 건물에 갇힌 상태였습니다.

미식축구부 : "한 방에 딱 끝낼 수 있는 사람 없어?"

생물부 : "그런 게 어디 있겠어?"

미식축구부 : "묵직한 느낌이 없는 건 질색이야!"

심리연구부 : "묵직한 느낌이 없으면 한 거 같은 느낌이 안 드나?"

등산부 : "이런 일은 차근차근 처리하는 게 좋아."

심리연구부 : "세 사람 다 처리 방법이 다르군."

미식축구부 : "그래서 불만이야?"

심리연구부 : "아니, 한 방에 끝내는 게 뭐가 좋을까?"

미식축구부 : "그래, 한 방에 날려 보내주지!"

심리연구부 : "부딪히기만 해도 날아간다니 대단해."

등산부 : "나는 빙벽을 자일과 하켄(암벽이나 얼음 등반 시 사용하는 못)을 이용해 조금씩 기어오르는데, 한 걸음 한 걸음 확인하면서. 미식축구부는 그걸 한 방에 날려버리는군, 꽝!"

생물부 : "운동부는 기운이 넘치는군. 만약 그런 일이 있다면 미식축구에게 부탁해야겠군. 나는 어릴 적부터 허약해서 벽이 있으면 그저 바라볼 뿐인데… 넘으려고 생각지도 못해."

등산부 : "뭐? 넘지 않는다고? 산이 있으면 오르는 거야!"
생물부 : "넘지 않아도 충분히 즐거워. 정상까지 오르려면 피곤해. 산 중턱만 올라가도 곤충들이 완전히 달라져. 여러 가지를 발견할 수 있어 아주 재미있어."
등산부 : "넘지 않고서는 벽 저편으로 갈 수 없잖아."
생물부 : "그렇게 서두를 필요가 뭐 있어. 그저 즐기는 동안 저절로 길이 보일 텐데. 또 다른 길이 있을지도 모르고……."

조립식 건물 밖에서 우산을 접는 소리가 나고 미식축구 부원이 소리쳤습니다.

"왔다!"

심리연구 부원은 동아리 실적서와 예산서를 손에 집어듭니다. 생물 부원은 조사서에 눈길을 줍니다. 노크 소리와 함께 등산부가 소리칩니다.

"열려 있습니다. 들어오세요."

당신은 인생의 벽에 부딪혔을 때 한 방에 날려버립니까? 기어오릅니까? 주변을 배회합니까? 아니면 너무 높고 험난해 그저 주저앉게 됩니까? 자기 나름의 방식으로 좋을 것입니다. 혹 여러 가지 방법이 가능하게 된다면 인생을 몇 배로 즐길 수 있을지도 모릅니다.

심리상담사가 말하는 자신의 일
심리상담은 인생의 무도장

"심리상담이 뭐죠?"

이 일을 하면서 자주 받는 질문입니다. 가장 대답하기 곤란한 질문이지만 최근에는 이렇게 대답하기도 합니다.

"심리상담은 인생의 무도장입니다."

산다는 것은 아주 높은 계단을 기어오르는 것에 비유할 수 있습니다. 힘이 넘칠 때도 힘이 들지만 심신이 허약할 때는 더더욱 힘이 듭니다.

대개 사람들은 자신이 불행할 때 과거와 미래에 신경을 쓰게 됩니다. 일이 원만하게 진행되지 않으면 초조함으로 계단 두세 단에 다리를 걸쳐놓고 있는 것과 마찬가지입니다.

불안한 상태로 주변을 둘러보면 과거는 실패의 연속으로 보이고, 미래는 불안에 싸여 있어 현기증이 날 정도의 절망감에 사로잡히게 됩니다. 상담을 하러 찾아오는 이들은 아마 대부분 이런 심정일 것입니다.

심리상담을 받는다는 건 여유 없는 인생에 있어 스스로 무도장을 만드는 것과 마찬가지라고 생각합니다. 무도장에서 안정된 자세로 서서 여유로운 마음으로 바라본다면 어지러운 바깥세상도 그다지 위협적으로 보이지 않게 됩니다.

하지만 초조함에 쫓기는 사람은 무도장에 잠시 서 있는 것조차 불안하게 느낍니다. 한 발짝이라도 남들보다 앞서지 않으면 혼자 뒤처져 경쟁에서 패하는 것처럼 느끼곤 합니다.

심리상담사는 함께 하는 사람입니다. 초조함을 나누고 위로하며, 과거와 미래를 생각하고, 앞으로 전진할 수 있는 힘을 찾을 때까지의 동반자입니다.

세상에 다시 나가는 순간 앞으로의 험난한 여정에 수많은 행운이 따르기를 기원하면서 배웅할 수밖에 없습니다. 적어도 함께 하는 시간 동안 그의 고통과 불안을 나의 일처럼 들어주는 것이 심리상담에 있어 가장 최선의 방법이라는 것을 최근 들어 느끼고 있습니다.

의뢰인 중에는 심리상담을 남에게 의지하는 것이라고 생각하는 사람들이 더러 있습니다. 하지만 심리상담사는 함께 해줄 뿐 의뢰인이 스스로 계단을 올라야 한다는 현실은 전혀 바뀌지 않았습니다. 심리상담사가 그를 대신해 앞으로 나아가거나 짐을 들어줄 수는 없습니다. 심리상담사 자신도 충분히 무거운 짐을 짊어진 여행자이기 때문입니다.

무도장에서 주고받는 위로와 격려는 살아가는 데 필요한 마음의 자양분을 제공할 수는 있습니다. 심리상담을 남에게 의지하는 것이라고 생각하는 사람은 너무 강한 자립 의지로 인해 마음의 자양분을 거부하는 것입니다.

사람은 끝없이 타인으로부터 배려라는 마음의 자양분을 받아 살아가지 않으면 안 됩니다. 이 사실을 깨닫는다면 타인에게 제대로 의지할 수 있게 되고, 마음의 자양분을 나누어준 주변 사람들에 대한 감사와 배려가 생겨나게 됩니다.

무도장이 없는 계단은 목적지에 빨리 도달할지 모르지만 그 외견이 그다지 아름답지는 않을 것입니다. 사람의 도움을 받지 않으려는 삶은 칭찬받아 마땅할지도 모르나, 잠시 불행 속에 서서 바라본 풍경과 서로 주고받는 위로는 인생의 깊이를 더하는 자양분이 될 것입니다.

당신의 인생은 현재 몇 시인가

실제 나이와 마음의 나이는 일치하지 않는다

그 사람은 마음이 젊다거나 혹은 나이보다 더 들어 보인다는 말을 하는 경우가 있습니다.

의뢰인 중에서도 20대 초반인데도 상당히 나이 들어 보이는 사람이 있습니다. 또 이와 반대로 나이에 걸맞지 않게 젊어 보이는 사람도 있습니다.

물리적인 나이와 그 사람의 심적 나이가 일치하지 않는다는 것은 누구나 인정할 것입니다. 하지만 이런 불일치를 좀 더 구체적으로 알 수 있을까요? 나는 고심 끝에 '인생의 시간'이라는 방법을 생각해 냈습니다. 그것은 다음과 같이 질문하는 것입니다.

"인생을 24시간이라고 한다면 지금 몇 시쯤 살고 있나요?"
"당신 인생에서 정오는 언제였나요? 혹은 언제일까요?"

당신은 지금 오전을 살고 있다고 생각하나요? 아니면 이미 오후에 접어들었다고 생각하나요? 주위의 여러 사람들에게 다양한 형태로 조사한 결과, 다음과 같은 사실을 알 수 있었습니다.

고등학교 2학년 학생들은 평균적으로 자신의 인생이 오전 10시라고 대답했습니다. 다시 말해 고등학생은 태양이 서서히 올라가고 있지만 정오까지는 여유가 있는 시간대를 살고 있다는 의미입니다. 그리고 아직 인생의 후반, 미래에 대해 확실하게 인식하지 못하고 있습니다. 자신의 삶이 많이 남아 있다고 생각하고 있기 때문일 것입니다. 이들은 또한 인생의 정오는 25~26세에 다다를 것이라고 이야기했습니다. 즉, 25세쯤에는 어른이 되어 있을 것이고, 그 무렵을 지나면 이미 한 고개를 넘어가 아저씨 아줌마가 될 거라고 말했습니다.

대학교 3학년 학생들은 어떤 대답을 했을까요? 놀랍게도 이들은 고등학생과 마찬가지로 자신의 인생이 오전 10시라고 했습니다. 반면 대학생의 경우 인생의 정오는 30세쯤에 이를 것이라고 말했습니다. 어른이라고 생각하고 있었지만 자신이 20세가 지나 점점 25세에 가까워지자 고등학교 때

느꼈던 것과 다른 자신을 발견했기 때문일 것입니다. 이것은 어른이 되고 싶지 않다는 현대 청년들의 마음을 그대로 반영하고 있는 것이 아닐까요? 이런 심리상태를 모라토리엄 증후군이라고 합니다. 정신적 육체적으로 경제활동을 할 수 있는 능력이 있음에도 젊은이들이 사회인으로서의 역할을 기피하는 증세를 이릅니다.

실제로 나 자신의 경험을 보더라도 25세가 되었을 때 스스로 어른이라고 느끼는 건 무리였습니다.

공평함은 죄를 짓는 것인가

인간관계의 갈등에서 탈출하자

고부간의 갈등에 끼어 괴로워하던 남편이 있었습니다.

그는 회사에서 퇴근해 집에 가까워질수록 점점 위가 아프기 시작한다고 합니다. 집에 가면 아내와 노모 사이의 심리적 갈등에 '끼인' 상태가 되기 때문입니다.

"80세의 노모를 모시자고 이야기했을 때 아내는 흔쾌히 동의해 주었습니다. 아내는 어머니를 성심껏 모셨습니다. 어머니도 기뻐했고요. 그런데 불황 탓에 제 퇴근 시간이 빨라지면서 문제가 시작되었습니다."

그가 일찍 귀가하면 어머니는 아들 주변을 맴돌았습니다. 어머니에게 있어 아들은 나이가 몇 살이든 자신이 배 아파서

난 '내 새끼'였던 것입니다. 그도 어머니를 외롭게 하지 않으려고 함께 텔레비전을 보거나 차를 마시는 등 곁에서 보내는 시간이 많아졌습니다. 그러는 사이 점차 부인이 불편한 심기를 드러내기 시작했습니다.

"어느 날 아내가 화를 냈습니다. 자기와 아이를 위해 시간을 낸 적이 있느냐고요. 효도도 좋지만 어머니 곁에서 맴도는 건 그만두라고 소리치더군요. 하지만 제가 어떻게 늙은 노모를 냉정하게 뿌리치겠습니까."

그는 부인의 마음을 풀어주려고 비상금을 털어서 반지를 샀습니다. 부인의 선물만 챙기는 게 마음에 걸려 노모에게 줄 브로치도 샀습니다. 물론 반지가 훨씬 비싼 것이었습니다. 그런데 두 사람에게 동시에 선물을 건네자 어머니는 크게 기뻐했지만 아내는 의외로 별로 좋아하지 않는 눈치였습니다.

"제게는 어머니와 아내가 똑같이 소중합니다. 양쪽 다 마음을 쓰고 있습니다. 그런데 아내는 그게 맘에 들지 않는 것 같습니다."

"값싼 것이라도 부인에게만 살며시 선물하는 게 좋았을 겁니다. 부인은 물질적인 것이 아니라 남편이 자신을 소중하게 여기고 있다는 심리적 증거를 원했을 겁니다. 어머님과 동격의 대접을 받는 건 아무리 소중하게 여긴다고 해도 만족

할 수 없었을 겁니다. 자신이 최우선이라는 자신감이 있어야 어머님을 성심으로 모실 수 있는 겁니다."

"두 사람을 공평하게 대하려고 했던 것이 잘못이군요. 이제 아내의 마음을 알 수 있을 것 같습니다. 앞으로 저는 집안에서도 행동에 조심을 해야겠어요. 모든 게 '불황' 탓이니까요."

그는 빙긋이 웃고 돌아갔습니다.

심리상담사가 말하는 자신의 일
차분한 얼굴을 한 우울한 심리상담사

나는 심리상담사라는 직업을 가지고 있지만 타인의 '마음과 기분을 풀어주는 일'에 서툽니다. 나이가 들수록 더욱 서툴어지는 것 같습니다.

가장 싫은 순간은 스트레스로 꽉 찬 자신이 심리상담사라는 것을 의식할 때입니다. 사람들이 내게 기대하는 건 스트레스를 제어할 수 있는 능력이기 때문입니다.

스트레스가 쌓여서 우울하다 해도 일을 쉴 수는 없습니다. 그렇다고 다른 심리상담사에게 도움을 구하는 건 창피한 생각이 들어서 자존심과 의지로 이겨내고 무리해서 일을 하던 시기도 있었습니다. 실은 그때마다 아주 피곤했지만 그런 자신을 인정하지 못하는 갈등 속에서 재미있는 사실을 발견했습니다.

나 자신은 소모를 하고 있지만 의뢰인은 나를 이전과 전혀 다를 바 없이 이용하고 있는 것입니다. 나는 친절을 베풀 기력조차 없이(원래 건강할 때도 그다지 친절하지 않았지만) 듣고 있는 것만으로도 힘이 드는 데 반해 의뢰인은 나를 찾아와 이야기를 하고 것만으로 만족을 얻는 것 같았습니다.

어쩌면 그들은 심리상담사인 내가 아닌 다른 여러 이미지를 내게 투영하고 그 이미지와 말하고 있는지도 모릅니다. 부모, 친구, 동료, 연인, 선생님 등……. 어떤 이미지가 나와 겹치는지 모르지만 나는 의뢰인의 마음속 이미지를 대신하는 존재로서 자유자재로 변형되는 것 같습니다.

어쨌거나 내가 쓰러지지 않고 자리를 지키는 한 의뢰인은 자신의 힘으로 심리상담사를 본인에게 도움이 되도록 활용할 수 있습니다. 이것은 대단히 반가운 발견이었습니다. 단, 의뢰인이 투영하고 있는 이미지와 나 자신을 구분하는 주의력을 유지하면서 의뢰인의 마음속 대화를 방해하지 않는다는 상당히 까다로운 조건이 달린다고 생각합니다.

이 사실을 발견한 뒤로 나는 차분한 표정을 하고 상담실에 앉아 있게 되었습니다. 하지만 차분한 표정 뒤에는 여전히 불안이 남아 있기에 의뢰인들에게 심리상담사의 심신에 대해 걱정을 끼치지 않도록 주의를 기울이고, '마음과 기분을 풀어주는 방법'을 좀 더 익혀야겠다고 생각하고 있습니다.

언젠가 나는 의뢰인에게 "오늘 제가 너무 우울해서 심리상담을 쉬겠습니다"라고 말할지도 모릅니다. 오랜 스트레스를 겪어온 심리상담사로서 실은 지금 당장 그렇게 말하고 싶은 것이 제 속내입니다.

잡담
심리학적 '용건 없는 용건'

4년 이상 심리상담을 해온 의뢰인이 하루는 이런 말을 남기고 돌아갔습니다.

"오늘은 아무 도움도 되지 않는 잡담만 하고 끝났네요."

이 사람은 매번 자신의 상태를 논리적으로 보고하고 뭔가 조언을 받고 돌아가려는 태도가 강했습니다. 따라서 의뢰인의 입장에서 그저 세상 돌아가는 이야기만 하고 돌아가는 게 아깝다고 말하고 싶었을 겁니다.

하지만 나중에 생각해보니 틀림없이 그는 이때부터 조금씩 마음이 열렸던 것 같습니다. 특별히 몸 상태가 좋아진 것은 아니지만 가끔 이렇게 중얼거렸습니다.

"이 이상 더 어떻게 할 수 없겠죠?"

정신과 전문의인 위니코트D. W. Winnicott는 '난센스(무의미한) 체험의 중요성'에 대해 역설했는데 그것은 본래 이와 같은 의뢰인의 깨달음과 경험이 겹쳐진 것이라고 생각합니다.

이 의뢰인은 박해당하고 있다는 공포와 파멸될 것 같은 불안에 휩싸여 있었습니다. 이와 같은 어려운 심리상태에 처해 있는 사람에게 있어 상대와 무의미한 대화를 나눈다는 건 번거롭고 불쾌한 일임에 틀림없습니다. 그렇기에 잡담 자체가 실은 본인에게 있어 위험한 실험이었을 것입니다.

그 후의 상담에서도 의뢰인은 자주 이런 말을 중얼거렸습니다.

"또 상관없는 잡담을 했네요."

그와 동시에 그는 그림책이나 동화책, 판타지 애니메이션 등에 관심을 기울이게 되었습니다. 그것은 '상관없는 잡담'을 음미할 수 있게 된 의뢰인이 애타심이 없는 아이들의 세계에도 마음을 열게 되었다고 볼 수 있습니다. 그리고 이런 창조적인 퇴행이라고 말할 수 있는 체험이 결국 의뢰인의 마음속 혼란을 잠재워주게 되었습니다.

이런 경험을 통해 주목해야 하는 것은 의뢰인의 마음이 자신의 망상과 분열적인 시스템의 문제를 해결하고자 하는 방향에서 놀이의 체험으로 단순하게 이전된 것이 아닌가 하는 점입니다. 오히려 심리상담 상황에서 애타심이 없는 행위, 즉 '난센스 체험'이 선행되고 있는 것입니다. 말하자면 심리상담 상황에서 작용되는 '관계성의 원리'라고 할 수 있는데 발달이나 치료의 원리를 초월해 위력을 발휘했다고 생각합니다.

애타심 없이 주고받는 대화는 하찮은 잡담으로 치부되기 쉽지만 실은 우리들의 마음을 지탱해 주는 근본적인 힘일지도 모릅니다.

분위기를 풍기는 말

어떻게 들릴지 신경이 쓰인다

상담 예약이 되어 있던 의뢰인으로부터 전화가 걸려 왔습니다.

"오늘은 상담을 하러 가고 싶지 않아요. 다음 주도 못 갈 것 같아요."

의뢰인의 갑작스런 통보에 깜짝 놀랐지만 다음번 상담에 대해서는 '갈지 말지 모르겠다'는 선에서 합의를 하고 전화를 끊었습니다. 물론 전화는 상대가 일방적으로 끊어 버렸습니다.

한 시간 뒤, 그녀에게서 다시 전화가 걸려왔습니다.

"전화를 끊고 나서 생각해보니 너무 화가 나서 심리상담을 그만두겠습니다."

그녀에게 화가 난 이유를 묻자 이렇게 대답했습니다.

"이렇게 화를 내는 것 자체가 싫어요. 선생님은 제 이야기를 제대로 들어주지 않아요."

나는 다시 한번 놀랐습니다. 하지만 다음 이야기를 듣고 납득할 수 있었습니다.

"선생님이랑 있으면 말을 하고 싶어도 말할 타이밍을 잡을 수 없어요."

그녀는 나와 있을 때마다 순간순간 나의 '듣는' 자세에 대해, 더 나아가 심리상담의 가치에 대해 판단하고 있었던 것입니다.

우리와 같은 정신치료와 관련된 사람들은 '듣는 자세'를 중요하게 생각합니다. 그것이 의뢰인에게 무엇보다 중요한 태도라는 것을 경험으로 알기 때문이다. 하지만 우리가 '듣고 있다'는 것을 의뢰인도 똑같이 느끼고 있다고 단정 지을 수는 없습니다. 듣고 있다고 '생각'하는 것은 그저 '생각'에 지나지 않기 때문입니다.

대화에서 가장 큰 의미를 지니는 건 대화 그 자체보다 속내, 접근 방식, 타이밍 같은 것일지도 모릅니다. 이런 모든 것들이 모여 대화를 이끄는 분위기를 형성합니다. 그리고 그 분위기는 대화 상대의 감정이나 생각을 품고 있는 만큼 때론 말로 표현하는 것보다 훨씬 큰 위력을 발휘합니다. 실제로 말보다는 말투 혹은 그 말 속에 내포된 분위기로 인해 말다툼이 벌어지기도 합니다.

한눈파는 여유

자신의 시간은 비매품

미하엘 엔데의 동화 《모모》에는 자신의 시간을 팔아버려 여유 없는 생활을 하는 이들이 등장합니다. 그들의 생기 잃은 모습은 마치 영혼을 잃은 사람들과 같습니다.

'자신의 시간'이란 '자신의 영혼'에 필적할 만한 무게를 가지고 있는지도 모릅니다. 시간을 잃음으로써 우리는 그 무엇과도 바꿀 수 없는 소중한 것을 잃게 된다고 생각합니다.

현대사회를 살아가는 우리들에게 있어 여유롭고 조용한 시간을 보내는 것은 상당히 어려운 일입니다. 우리들 앞에는 끊임없이 목적과 과제가 제시됩니다. 그리고 그것을 달성하기 위해 끝없이 내몰리게 됩니다. 그런 바쁜 상황 속에서 우리의 정신세계에는 일종의 강박관념이 자리 잡게 됩니다. 상당히 두려운 이 강박관념은 정신적으로 시야를 좁게 만들어 버립니다. 예를 들어 고속도로를 달릴 때 속도가 빠를수록 운전자의 의식과 시야가 좁아져서 주변 풍경을 감상할 여유가 없어지는데 현대사회를 살아가는 우리의 심리상태와 매우 흡사합니다.

최근 한 포크 가수가 북미 대륙을 뛰어서 횡단했다는 뉴스를 접하게 되었습니다. 그는 나와 같은 세대였기에 그 체력과 집념에 상당한 충격을 받았습니다. 하지만 이 뉴스에서 내가 가장 감명받은 것은, 그가 다른 주자들과의 경쟁의식과 골을 향해 달린다는 의식을 버렸다는 것입니다. 그는 그저 달리는 행위 자체를 즐기며 대륙 횡단에 나섰습니다.

이런 유유자적한 마음은 '날이 저물고 홀로 고독하게 먹을 가는 마음'과 통하는 느낌을 받았습니다. 가능한 긴장을 풀고 시간의 흐름에 몸을 맡기며 '부질없음'을 떠올린다는 것은 마음을 방랑하며 한눈파는 체험이라고 할 수 있습니다.

심리요법 중에 자유연상법이라는 게 있습니다. 의뢰인은 떠오르는 것을 뭐든 자유롭게 이야기합니다. 의식적으로 어떤 것을 선택해서 연상하는 것이 아니라 '그저 막연하게' 끝없이 연상을 하는 즉 마음을 방랑하며 한눈파는 행위와 같습니다.

자유연상은 자신도 모르는 사이 마음의 집착과 응어리를 풀고, 새롭게 '자신의 시간은 자신의 영혼'이라는 공식이 되살아나게 합니다. 자신을 잃어버렸던 의뢰인이 무엇과도 바꿀 수 없는 개성을 가진 이야기를 자기 안에서 창조해 나갈 수 있게 합니다.

도련님은 동경에서만 산다

상사와 충돌만 일으키는 당신에게

나쓰메 소세키의 《도련님》이라는 소설을 아십니까? 주인공 도련님은 도쿄 출신의 다혈질 청년입니다. 그는 시골의 중학교 수학선생으로 부임하여 교사들 사이의 내분에 휘말리게 되고 결국 간악한 교감 빨간셔츠와 그의 심복인 알랑쇠 미술선생에게 주먹질을 하고 학교를 떠나게 됩니다.

상사와의 충돌로 문제가 생긴 신입사원이 심리상담을 찾았습니다. 그는 소설 《도련님》의 주인공처럼 혈기 왕성한 청년이었습니다.

"상사와 부딪힌 건 순전히 그 사람 탓입니다. 저는 잘못한 게 전혀 없습니다. 상사는 자신의 잘못을 인정하지 않고 있습니다. 이렇게 된 이상 상사가 사과할 때까지 출근하지 않을 작정입니다. 상사가 사과를 하든 아니면 제가 회사를 그만두든 조만간 결정이 나겠지요."

이때는 이 사람의 '전혀 잘못이 없다'는 주장에 대해서는 따지지 말고 그의 성급한 태도에 주목해야 합니다. 그는 마음만 먹으면 정말로 회사를 그만둘 성격입니다.

얼마간의 대화 끝에 그가 이렇게 말했습니다.

"저는 나쓰메 소세키 소설의 주인공인 도련님과 닮았다고 생각합니다."

"그러고 보니 정말 닮았군요. 저도 그런 점이 참 좋습니다. (약간의 시간을 두고 신중하게) 하지만 회사를 그만두는 건 다시 생각해 보세요."

"아니요. 도련님이라면 반드시 그만둘 겁니다."

"그렇겠죠. 그럼 이런 말을 하는 나는 결국 빨간셔츠나 알랑쇠 미술선생이겠네요. 저도 도쿄 토박이라 '도련님'처럼 살고 싶음 마음이 간절하니 젊은이의 마음도 충분히 이해할 수 있습니다. 하지만 '도련님'의 비극은 결국 그가 도쿄에서 밖에 살 수 없다는 데 있다고 생각합니다. 하지만 젊은이는 그래서는 안 되겠죠? 도쿄든 어디서든 살 수 있어야 하지 않을까요? '도련님'의 정신은 잊지 말고 어디서든 살아갈 수 있도록 노력은 해야 하지 않을까요?"

이런 말이 나도 모르게 튀어나왔지만 이 이야기를 들은 젊은이는 마음을 가라앉히게 되었습니다. 조금은 생각을 고쳐먹은 것처럼 보였습니다.

달갑지 않은 친절

신혼부부의 생각 차이

매일의 일상에서 우리는 자연스레 누군가에게 도움을 받거나 혹은 도움을 베풉니다. 그러나 모든 도움이 상대를 기쁘게 하는 것은 아닙니다. 친절한 마음으로 베푸는 것이라도 상대는 이를 받아들일 수 없는 경우가 더러 있습니다. 때로는 상대의 도움이 참견으로 느껴져 시끄럽고 번잡스러워 그를 상대하는 것조차 싫어지는 경우도 있습니다. 도움을 베푸는 입장에서는 상대의 반응에 따라 기분이 엇갈리기도 합니다. 만일 상대가 못마땅해하거나 조언을 무시하거나 혹은 곤혹스러운 표정을 지으며 도움을 거절한다면 마음에 상처가 남기도 합니다.

신혼부부가 상담을 하러 왔습니다. 이들은 일 년간 교제 끝에 결혼해 서로 열심히 배려하며 신혼 생활을 시작했습니다. 맞벌이라 남편은 최대한 집안일을 도우려고 했습니다. 반면 아내는 맞벌이라고 해서 남편의 도움을 받는다면 주부로서의 역할을 게을리하는 것이라고 생각했습니다. 이렇듯 이들은 각기 다른 생각을 하고 있었기에 점차 문제가 생기기 시작했습니다.

아내는 매일 저녁 남편의 입맛에 맞고 영양적으로도 훌륭한 식단을 짜기 위해 노력했습니다. 남편은 아내가 차려준 음식이었기에 기쁜 마음으로 남김없이 먹었습니다. 그러자 아내는 걱정이 되었습니다.

'식사량이 부족한가?'

아내는 음식을 더 많이 준비했습니다. 남편은 아내가 주는 대로 모든 음식을 전부 먹느라 매번 과식을 하게 되었고, 점차 살이 찌고 있었지만 바쁜 시간을 쪼개 열심히 식사를 준비하는 아내에게 차마 불평을 할 수는 없었습니다.

어느 일요일, 남편은 집안일로 고생스러운 아내를 대신해 대청소를 하기로 마음먹었습니다. 그런데 그 모습을 본 아내는 갑자기 표정이 굳어지더니 사무적인 말투로 남편에게 사과를 했습니다.

"미안해요. 내가 할게요."

그리고 그녀는 신경질적으로 남편에게서 청소기를 빼앗았습니다. 아내는 자신이 청소를 제대로 하지 않아 남편이 신경 쓰고 있다고 생각한 것입니다. 결국 이 일로 부부는 크게 싸우게 되었습니다.

자신이 싫어하는 것은 상대에게도 하지 말라는 말이 있습니다. 하지만 반대로 '자신이 상대에게 받은 배려로 기뻤던 일을 상대에게도 해주자'라는 건 조금 생각해 보는 게 좋은 경우도 있습니다. 사람에 따라 상황에 따라 바라는 것이 다르기 때문입니다.

상대가 무엇을 원하고 있는지 상대의 상황과 성격을 생각하고 의사를 타진한 다음 관여하는 것이 중요합니다. 배려가 '달갑지 않은 친절'이 되면 서로에게 애석한 일이 생길 테니까요.

삶의 가치는 죽음의 가치와 통하는가

현대판 오린 할머니

점차 노인 문제가 커다란 사회 문제로 대두되며 노인의 '삶의 가치'에 관한 논의가 왕성하게 이루어지고 있습니다.

시민 상담실에서 소개를 받아 69세의 할머니가 심리상담을 하러 왔습니다. 심리상담에 대해 간단히 설명하자 할머니는 봇물 터지듯 이야기를 풀어놓았습니다.

그녀에게는 딸 둘과 아들 하나가 있습니다. 막내가 13세가 되었을 때 남편이 사망해 여자의 몸으로 세 명의 자녀를 키웠습니다. 아이들이 성장해 독립하사 그녀는 아들 가족과 함께 살게 되었습니다. 며느리는 직장을 다녀 할머니가 집안일을 하며 손자를 돌보았습니다.

2년 뒤쯤, 집을 신축하자는 이야기가 나오면서부터 할머니와 자식 내외의 사이가 틀어지기 시작했습니다. 그 집은 남편이 죽기 3년 전에 부부가 고생해서 지은 것이었기에 남다른 추억이 깃들어 있었습니다. 하지만 할머니의 반대에도 아들 부부는 결국 집을 새로 지었습니다. 그리고 그때부터 며느리의 태도가 돌변했으며 아들의 태도도 냉정해졌다고 합니다. 대체 이유가 뭔지 물어도 대답하지 않는다고 했습니다.

이런 상황 속에서 애지중지하던 손자가 남의 물건에 손을 대는 일까지 벌어졌고, 할머니는 정서적으로 불안정해지면서 불면증을 앓게 되어 신경안정제를 복용했습니다.

그러자 아들 내외는 더는 같이 살기 힘들다며 양로원에 갈 것을 강력히 주장했고, 할머니는 마지못해 양로원으로 거처를 옮겼지만 그곳에서의 생활이 싫었던 그녀는 집을 빌려 혼자 생활하고 있었습니다.

"그렇게 아이들을 예뻐했는데……."

회한의 눈물을 흘리는 할머니를 보며 나는 영화 〈나라야마 부시코〉를 떠올렸습니다.

〈나라야마 부시코〉는 일본의 외딴 마을에서 일어나는 이야기입니다. 이 마을은 척박한 곳에 위치해 있어 겨울이 되면 먹고살기가 더욱 힘들어집니다. 겨울에 태어난 사내아이들은 이웃의 논바닥에 버려지고, 여자아이는 한 줌의 소금에 내다팔립니다. 남의 음식을 훔친 자는 산 채로 매장을 당하고, 70세의 노인은 살아 있는 사람들에게 짐이 되지 않기 위해 나라야마 산으로 떠나야 합니다.

69세인 오린 역시 70세가 되면 나라야마 산으로 떠나야 합니다. 어머니를 산에 버려야 하는 아들의 심정은 겨울이 다가올수록 참담해집니다. 그런 아들의 마음을 알고 있기에 오린은 더 혹독한 겨울이 오기 전에 산으로 떠날 채비를 합니다.

어느 가을날, 오린은 사람들을 불러모아 산에 가기 위한 행사를 치르고 그다음 날 새벽에 그녀는 아들의 등에 업혀 나라야마 산으로 향합니다.

아들은 금방이라도 눈물이 흐를 듯 붉게 충혈된 눈을 하고 어머니를 업고 산을 오릅니다. 가는 도중 발톱이 빠지고, 미끄러지지만 그는 어머니를 내려놓지 않습니다. 나라야마 산의 정상에서 죽음을 맞이하면 천국에 갈 수 있다는 전설을 믿고 아들은 어머니에게 자신이 줄 수 있는 마지막 선물을 위해 이를 악물고 산 정상으로 나아갑니다.

의뢰인 또한 69세로 오린의 나이와 같았습니다. 오린은 아들 내외의 효심을 잘 알기에 그들의 고통을 덜어주고자 스스로 죽음을 선택하게 됩니다. 나는 그녀의 자립정신과 강인한 생사관에 등골이 오싹해질 정도로 감동을 받았습니다. 오린에게 있어 진정한 '삶의 가치'란 그야말로 '죽음의 가치'였던 것입니다.

오늘날의 물질적인 풍요와 충분한 복지제도를 부정하지는 않습니다. 하지만 그것만으로는 진정한 '삶의 가치'를 얻을 수 없을 것입니다. 심리상담이 그런 '삶의 가치'를 생각하고 대화를 나눌 수 있는 장이 되길 바랍니다.

잊을 수 있어 행복하다
치매가 노인의 희망일지도

오늘은 치매를 앓다가 돌아가신 의뢰인의 이야기를 하려고 합니다.

그녀를 처음 만난 건 진통제 남용 건으로 양로원에서 의뢰가 들어왔을 때입니다. 당시 그녀는 환청과 피해망상 등 가벼운 치매증상을 보였지만 과거를 회상하거나 자신의 마음을 표현하는 데는 아무런 문제가 없었습니다. 우리의 관계는 10년 정도 지속되었는데, 상담 내용은 치매증상에 따라 서서히 바뀌어 갔습니다.

그녀는 의과대학 학장의 막내딸로 태어나 집안의 귀여움을 독차지하며 자랐습니다. 유명 고등학교를 졸업하고 사업 대학 진학을 추천받을 정도로 명석했지만 독립심이 부족한 탓에 항상 누군가 보살펴줘야 하는 사람이었습니다.

평소 집안일도 제대로 하지 못했기에 남편을 잃은 뒤에는 영양실조로 병원에 실려가기도 했습니다. 형제들은 그녀를 양로원으로 보내 자주 들여다보며 돌보았습니다. 그러나 친오빠와 형부가 사망하게 되자 그녀의 심적불안은 눈에 띄게 커져 생활도 소극적으로 바뀌어 갔습니다.

그러다 그녀는 상담 시간에도 잠에 취할 정도로 체력이 떨어져서 병원에 입원하게 되었습니다. 입원 중에도 가능한 정기적으로 방문해 아주 짧은 시간이나마 머리맡에서 이야기를 나누기 위해 노력했습니다.

그때의 심리상담은 초기에 그녀에게서 들은 어린 시절, 결혼생활 혹은 가족에 대한 여러 정보를 이용해 마음을 지탱하고 자존감을 유지할 수 있도록 가능한 정신적 지지에 중점을 두고 진행했습니다. 가끔 그녀는 내게 이렇게 말했습니다.

"선생님은 저에 대해서 정말 많은 걸 알고 계시네요."

그녀는 진심으로 감동해 주었습니다.

"이건 다 예전에 할머니가 알려주신 거예요."

이렇게 답하면 그녀는 이해가 간다는 듯 고개를 끄덕였습니다. 차츰 병색이 짙어지며 우리의 심리상담은 나 혼자 일방적으로 이야기를 거는 형태가 되었습니다. 그리고 결국 그녀는 식물인간과 마찬가지 상태가 되어 86세를 일기로 생을 마감했습니다.

학창 시절 정신과 수업에서 나의 은사님은 절절히 이런 말을 한 적이 있습니다.

"이제 치매는 노인에게 희망인 것 같네."

그녀의 죽음을 지켜보며 문득 그때 은사님의 말이 떠올랐습니다. 믿고 의지하던 친오빠와 형부를 잃은 불안감이 치매를 발전시켰다고 생각할 수는 없지만 분명 치매는 그녀에게 두 사람의 죽음을 잊게 하고 불안한 마음을 줄여주었습니다.

너무 튀어나온 말뚝은 얻어맞지 않는다

총명한 중학생에게 예의를

상담 중에 중학교 3학년 소녀가 이런 말을 했습니다.

"얼마 전 신문에서 '튀어나온 말뚝은 얻어맞을지 모르나 너무 튀어나온 말뚝은 얻어맞지 않는다.'는 글을 읽었어요. 내가 먼저 생각했던 건데 전매특허를 받아두었으면 좋았을 걸 그랬어요."

아이가 상담을 받으러 온 건 반년 전의 일입니다. 당시 아이는 과호흡 발작을 호소했습니다.

이 아이는 조기유학을 갔다가 중학교 1학년 초에 국내로 돌아왔는데 가장 힘들었던 것은 주변 동급생들과 하나부터 열까지 똑같아야 한다는 풍조였다고 합니다.

"교복과 교칙 따위도 이해할 수 없었지만 그중에서도 가장 힘들었던 건 눈에 보이지 않는 압력이었어요. 언제나 남들과 똑같지 않으면 안 된다는 느낌, 어른들이 요구하는 것 이상으로 주변 모두가 그런 것들을 강요하는 게 견딜 수 없었어요. 마치 서로가 서로를 감시하듯이…… 공부하다 모르는 게 있어서 선생님에게 질문을 하면 잘난 척한다고 하고, 남자아이들과 스스럼없이 이야기하면 예쁜 척한다는 말을 듣고, 여자아이들은 툭하면 저더러 아무것도 모른다며 바보 취급을 했어요. 얼마 전에는 선거가 있어 정치 이야기를 꺼냈더니 '범생이', '천연기념물'이라고 놀림만 받고. 친구들 눈높이를 맞추려 하다 보니 숨이 막힐 것 같아요. 그래도 저는 꾹 참았어요. 그러다 몸에 이상이 생겨 발작을 일어났는데 이번에는 모두가 귀찮을 정도로 달라붙어서 괜찮은지 묻는 거예요. 걱정해 줘서 기쁘다기보다 왠지 동정하는 것 같아서 너무 싫었어요."

아이의 이야기가 좀 지나칠지도 모르고 사춘기 특유의 예민함과 결벽증적인 부분이 있을지도 모릅니다. 하지만 나는 '너무 튀어나온 말뚝은 얻어맞지 않는다'는 말을 스스로 이끌어낸 이 아이에게 진심으로 존경하는 마음을 가졌습니다.

"너는 총명하니까 말하겠는데 튀어나온 말뚝을 때리는 사람이 분명히 있을 거야. 하지만 네 말대로 너무 튀어나온 말뚝은 때리려고 해도 때릴 수 없을 거야."

아이는 싱글싱글 웃으면서 대꾸했습니다.

"그것도 그렇고, 너무 튀어나온 말뚝은 때려 넣으려다 쇠망치가 부서질지도 몰라요."

"맞아, 머리가 절로 숙여지는구나!"

나는 아이를 가볍게 칭찬하면서 소녀의 자유로운 감성의 말뚝이 휘어지지 않기를 기원했습니다. 그리고 나 자신에게도 '너무 튀어나온 말뚝은 얻어맞지 않는다. 때릴 방법이 없다'를 지향하며 살겠다고 다짐했습니다. 왜냐하면 한 사람 한 사람의 말뚝을 소중히 여기고 그 모양과 가치를 서로 인정하는 그런 사회를 만들어가고 싶기 때문입니다.

심리상담사가 말하는 자신의 일
골을 향해 달려가는 순간

나는 마라톤 중계를 보는 걸 좋아합니다. 출발 직전의 긴장감, 출발 총성의 순간, 거리와 사람들의 표정 등 모든 장면이 매력적이지만 그중에서도 마라토너가 골을 향해 달려오는 순간의 얼굴이 가장 매력적입니다. 골인 후의 피로감, 고독감, 상쾌함이 드러난 표정은 순위와 상관없이 생동적으로 보입니다.

나는 이 얼굴을 어디선가 본 적이 있다고 오랫동안 생각했는데 기억해내지 못한 채 시간이 흘렀습니다. 그리고 어느 날 갑자기 깨닫게 되었습니다.

"아, 그건 처음 심리상담을 받으러 온 사람의 얼굴이다!"

고뇌와 피로에 지친 표정이라는 의미가 아닙니다. '혼자라는' 외로움과 자유로움이 뒤섞인 표정이 닮아 있습니다.

처음 심리상담을 하러 오는 사람은 마라톤의 골인 지점에 다다르지 못한 사람, 중간에 포기한 사람, 처음부터 달리지 않은 사람과 같은 이미지를 가지고 있을지 모르지만 그들을 대할수록 분명 자신만의 마라톤을 하고 있음을 실감할 수 있습니다.

겉으로 보기에는 아무것도 하지 않는 것처럼 보이고 절대로 마라톤을 할 것처럼 보이지 않는 사람이 일단 마음의 세계에 눈을 돌리면 자신의 말로 표현하게 되면서 동시에 그 사람이 지금까지 열심히 달려온 마음의 마라톤 코스가 심리상담사인 내게 확실하게 보이는 순간이 있습니다. 그리고 동시에 그 사람 자신에게도 보입니다. 이것은 많은 시간과 정열을 쏟아부었기에 얻을 수 있는 것으로서 확실한 형태로 나타나게 됩니다.

겉모습이 고뇌로 가득하다거나, 피로에 젖어 있는 사람이 심리상담 중에 이런 꼬리표 뒤에 감춰진 또 다른 자신을 향해 시선을 돌리게 되면서 마치 다른 사람이 된 것처럼 자신의 말로서 표현하기 시작하는 것을 나는 수없이 경험해 왔습니다.

그것은 내게 있어 그 사람이 자신의 발로 달려온 마라톤 코스에 대해 이야기를 하는 것과 마찬가지로 느껴졌습니다. 그것은 공식 코스에서 벗어난 것일지도 모릅니다. 혹은 남들이 보기에 전혀 달리지 않은 것처럼 보일 수도 있습니다. 하지만 그는 틀림없이 마라톤 코스를 달려왔으며 그의 마음속 여러 풍경이 그의 이야기를 듣고 있는 내게도 생생히 전해져 옵니다. 그때 나는 구경꾼이 아닌 그와 함께 달리고 있는 마라토너가 됩니다.

우리들 각자가 현재 달리고 있는 마라톤 코스는 인간의 다양성만큼이나 천차만별입니다. 어떤 이에게 있어 상담실은 자신이 지금껏 달려온 마라톤의 골인 지점이 되기도 합니다. 그가 골인하는 순간 즉, 이 상담실을 나가는 순간 그의 표정은 누구보다 만족스럽습니다.

근본이 어두워도 괜찮다

큰 나무는 뿌리가 깊다

부평초는 파도를 타고 조류를 따라 살아갑니다. 사막의 뿌리 없는 풀 중에는 모래 위를 데굴데굴 굴러다니며 살아가는 것도 있습니다. 산사에 우뚝 솟은 잣나무나 떡갈나무는 땅속 깊이 뿌리를 내리고 있는데 실뿌리 길이까지 재 보면 지구를 한 바퀴 돌 정도라고 합니다.

근본이 어두운 것을 싫어하는 시대이지만 그게 정말 잘못된 것일까요? 어두우면 어두울수록 뿌리는 깊고 넓게 영양분을 흡수할 수 있습니다. 뿌리는 줄기를 자라게 하고 잎을 무성하게 하며 꽃을 피우고 많은 열매를 맺게 합니다.

부평초는 크게 자라지 않고 사막의 나무들은 풍성한 열매를 맺는 나무가 거의 없습니다. 그렇다고 해서 이들의 가치를 평가 절하하는 건 아닙니다. 크게 자라지 않더라도 혹은 열매를 맺지 못한다 하더라도 아무런 상관이 없습니다. 모두가 생명(유전자)의 표현으로 어떤 삶의 방식이 좋다고 단정 지을 수 없습니다.

근본이 어두워도 괜찮습니다. 그로 인해 고립당하는 걸 두려워할 필요는 없습니다. 높은 봉우리는 산자락이 넓고 큰 강은 그 유역이 넓습니다. 여러 가지 혼돈 속에서 조용하고 천천히 하늘을 찌르고 도도하게 바다로 흘러갑니다. 다른 그 어떤 것에 의지하지 않고 홀로 늠름하게 우뚝 서 있습니다. 흐름에 맞추는 것이 아니라 자기 자신으로 완성되어 가는 것입니다. 좌우를 살피며 눈치를 보는 건 길을 건널 때만으로 충분하지 않을까요?

주변을 두리번거리며 신경을 쓰다가 피로에 지치는 것도 일생, 의연하게 혼자만의 길을 가는 것도 일생, 그렇다고 하지만 고독에 익숙해지지 않는 것이 인간입니다. 그 결과 받으려다 받지 못하고, 칭찬받으려다 칭찬받지 못하고, 떨어지지 않으려다 떨어지고, 맞추려다 맞추지 못하고, 웃음을 주려다 비웃음을 당하고, 타려다 타지 못하고… 지쳐버립니다.

가끔 커다란 나무를 보러 가는 건 어떨까요? '참장공'이라는 수련법이 있습니다. 말뚝처럼 우두커니 서 있는 것으로, 뿌리를 기르고 참을성을 기르며 균형감각을 기르는 수련입니다. '현자는 산으로 간다'는 말처럼 때론 커다란 산을 보러 가는 걸 어떨까요? '우물 안 개구리는 바다를 모르지만 하늘의 깊이는 안다'는 말이 있는데 때로는 넓은 바다를 보러 가는 건 어떨까요?

넓고 느긋한 '어두운 근본'이라면 마음속에 결계結界(특별한 사람밖에 받아들이지 않는 신성한 장소)를 가지고 있을 필요가 있다고 생각합니다.

세상이 험하다는 건 거짓이다

세상만사 어떻게든 된다

"세상은 험하다."
"세상은 네 생각처럼 만만하지 않다."
  부모가, 선생님이, 선배가, 형이, 누나가, 직장 상사가, 잘 모르는 아저씨 아주머니가 아이들이나 젊은 사람들을 향해 설교할 때 자주 하는 말입니다. 나도 몇 번이고 들은 적이 있고 지금도 어디선가 들리는 것 같은 느낌이 듭니다. 하지만 정말 그럴까요?
  나는 강연을 할 때 이런 말을 자주 합니다.
  "중학생 아이가 있다는 건 정말 힘들죠? 말을 듣지 않으니까요. 부모에게 반항만 하지요. 아직 철부지에 세상 물정도 모르는 주제에!"

강연장에 모인 어머니들은 맞장구를 칩니다.

"그리고 여러분은 아이들에게 아마 이렇게 말하겠지요. '너는 세상물정을 전혀 모르니까!', '네 생각만큼 세상은 만만하지 않아!'"

이번에도 어머니들이 맞장구를 칩니다.

"정말 그렇게 말하고 싶을 겁니다. 아직 철부지니까요. 우리도 부모님께 귀에 못이 박히도록 들은 말이니까요. 하지만 그건 거짓말입니다. 세상이 정말로 험하다면 저나 여러분이 이렇게 한가롭게 앉아 있을 수 있을까요? 거짓말을 해서는 안 됩니다."

이때 어머니들의 표정을 살피면 여우에게 홀린 듯한 얼굴이 70퍼센트, 웃음보를 터뜨리는 사람이 30퍼센트 정도입니다.

"그렇잖아요. 우리는 혼자 살아갈 수 있을 만큼 힘이나 재능이 없습니다. 힘든 일이 있거나 고통스러운 상황에 처해 있을 때 정말로 혼자 해결하는 거의 없을 겁니다. 반드시 누군가에게 도움을 구하거나 의지할 겁니다. 덕분에 지금 이렇게 살아 있는 겁니다."

어느새 어머니들이 호응하는 분위기로 바뀌어 갑니다.

"나는 세상만사 어떻게든 된다고 가르치는 게 교육적이라고 생각합니다. 우리 같은 사람들도 어떻게든 살아가게 되어 있으니 너희들도 공부만 하지 않아도 되고 걱정하지 않아도 괜찮다고, 어떻게든 다 살아가게 되어 있으니 좋아하는 하라고, 친구들과 즐겁게 놀라고 하는 건 어떨까요?"

어머니들이 술렁이기 시작합니다.

"정말 그래도 되나요?"

"그렇게 가르치면 걷잡을 수 없이 될까 봐 걱정이에요."

당연한 불안들이 터져 나옵니다.

"아니요, 괜찮습니다. 댁에 돌아가시거든 아이들에게 그렇게 말해 보세요. '엄마는 정말 세상 물정을 모르는군.' 하는 말을 듣게 될 겁니다."

심리상담사가 말하는 자신의 일
심리학으로 마음을 아는 건 어렵다

세상은 지금 심리 붐인 것 같습니다. 이런 책이 출판된다는 것이 바로 그 증거겠지요? 심리학을 정리한 책과 잡지도 많이 나와 있고 텔레비전에서도 심리학이 자주 등장합니다.

심리게임과 심리테스트를 무척 좋아하는 대학교 1학년 학생이 심리학 수업을 몇 번 들어보고 실망을 했다고 털어놓은 적이 있습니다.

그는 심리학을 공부하면 자신의 성격을 알게 되고, 친구들의 생각을 읽을 수 있는 등 여러 기대를 했던 모양입니다. 하지만 그의 예상과 달리 심리학 강의는 사물에 대한 사고, 조건반사, 발달과 학습의 심리 등의 이야기가 이어졌습니다.

그와 같은 사람에게 나는 이런 말을 해주고 싶습니다.

"심리학이란 사람의 마음을 연구하는 학문이니 심리학을 공부하면 금방이라도 사람의 마음을 읽을 것만 같은 느낌이 듭니다. 대학의 심리학 교수는 잠깐 만나는 것만으로 그 사람의 성격과 생각을 읽어낼 수 있을 것 같겠지요.

어떤 사람들은 자신의 마음을 들킬 것만 같아 심리학을 공부하는 사람과 대면하기를 두려워하기도 합니다. 하지만 심리학자에게 당신의 마음이 드러날 일은 절대 없습니다. 심리학은 독심술이 아닙니다. 심리학을 공부하면 사람의 마음을 읽을 수 있다는 것은 대단한 착각입니다.

학문으로서의 심리학은 실험과 조사로 축적된 수많은 결과에서 인간 행동의 일반적인 법칙과 원리를 찾고자 하는 것이 기본 틀입니다. 따라서 어떤 특정 상황하에서의 특정인의 특정인의 심리 따위는 학술적인 심리학으로는 알 수 없습니다. 하지만 우리가 알고 싶어 하는 것은 그런 개인의 마음이기 때문에 학술적 심리학과는 차이가 있습니다.

그렇다고 해서 실망하지 말고 심리학을 공부하십시오. 어쩌면 참고가 될지도 모르고 학술적인 심리학도 나름대로 재미있다고 느낄 수도 있으니까요."

제2장

자신과의 만남

처음부터 자신 있을 수 없다

처음부터 자신만만한 것은 자신에 대한 맹신이다

자신감 넘치는 사람과 상대하는 것은 상당히 곤혹입니다. 그들은 조금이라도 약한 모습을 보이는 사람에게 큰 목소리로 격려합니다.

"무슨 소리야! 인생은 이제부터 시작이라고. 무슨 일이든 부딪혀 보는 거야!"

천성이 약한 사람은 그들의 지나치게 기운찬 격려에 더욱 움츠러들게 됩니다.

"아니, 나는 정말 형편없는 놈이야. 그에게는 절대 이길 수 없어."

자랑할 정도는 아니지만 조금의 재주를 가진 사람이 자신만만한 사람에게 "뭐야, 그 정도 가지고."라는 소리를 들으면 그야말로 풀이 죽어버리고 맙니다. 이렇듯 자신만만한 사람 옆에 가면 그나마 없는 자신감마저 흡수당하기 때문에 두렵기까지 합니다.

원래 돈이나 자신감 따위의 것들은 몰래 저장해 두는 게 상책입니다. "조금 있기는 하지만……."이라고 말하는 순간 더 많이 가지고 있는 사람이 뺏으려 달려들기 때문입니다.

전혀 자신감이 없는 사람은 어떡하는 게 좋을까요? "하려고 해도 자신이 없어서……."라든가 "무슨 일이든 자신이 없어서……."라는 내용의 상담을 전국 어디서나 들을 수 있습니다. "겉으로 보기에는 자신만만해 보이지만 실제로는 자신이 없다."는 사람까지 포함한다면 그야말로 엄청나게 많은 사람들이 그렇게 느끼지 않을까 생각합니다.

잠시 생각해 보십시오. '자신 없다'는 말을 하고 싶을 때는 언제인가요? 여러 경우가 있겠지만 적어도 자신을 갖지 않으면 안 되는 경우만 있는 것은 아닙니다. 자신이 있든 없든 간에 어차피 해야 할 일이라면 일단 조심스럽게 부딪혀 보는 게 어떨까요? 자신이 있는지 그렇지 않은지는 시도해 보지 않으면 모르는 것이니까요. 처음부터 자신만만한 것은 자신이 아니라 맹신이라고 해야 할 것입니다.

그 증거로 그런 자신은 대개 불합리한 착각에서 비롯됩니다. '내가 하려고 마음먹었으니 가능한 게 당연하다' 또는 '이럴 때는 무조건 성공한다'는 식으로.

정말 '자신이 없는' 불안한 분들은 심리상담사를 찾아주세요. 심리상담사는 항상 자신감 넘치게 보일지 모르지만 실제로 이들만큼 자신감이 결여된 사람들이 없습니다. 그래도 어떻게든 헤쳐나가는 그들을 보면 조금은 자신감을 가질 수 있을지도 모릅니다(다시 말해 자신감이 넘치는 심리상담사는 미심쩍은 사람이라는 뜻입니다).

심리상담사가 말하는 자신의 일
심리학자는 수상하다

얼핏 대학교수가 하는 말은 다 맞는 것처럼 들립니다. 일단 교수라는 직책에다 진중한 분위기가 왠지 권위 있어 보입니다.

한 중학교 교사는 우연히 강연회에서 참석했다가 모 저명한 대학교수가 열변을 토하는 걸 듣게 되었습니다.

"현재 학교 교육의 문제는 교사들이 심리상담을 공부하면 금세 해결될 수 있습니다."

평소 학생들의 지도로 고민하던 이 교사는 교수의 말에 감동하여 곧장 심리상담 전문서를 구입해 열심히 공부했습니다. 그 책들은 대부분 '상대를 수용할 것', '상대와 공감

대를 형성하고 이해할 것'이 강조되어 있었습니다. 이 교사는 과거의 강압적인 지도법을 반성하고 곧바로 심리상담에서 강조하는 바를 학생 지도에 적용했습니다. 또한 다른 교사들에게도 학생 지도에 심리상담이 얼마나 중요한지 역설하고 다녔습니다.

과연 결과는 어떻게 나타났을까요? 학생들은 교사의 달라진 태도에 의아해했지만 무슨 일에도 화를 내지 않는다는 걸 알고 이전보다 더욱 극성스러워졌습니다. 다른 교사들 역시 이 교사가 말을 꺼내려고 하면 지겹다는 표정으로 자리를 피하게 되었습니다.

그러자 교사는 난처해졌습니다.

"분명 교수님이 심리상담을 공부하면 괜찮을 거라고 했는데 왜 달라지지 않지? 공부가 부족한 걸까?"

나는 이 교사에게 이렇게 충고해주고 싶습니다.

"교사가 심리상담을 공부하는 건 좋은 일입니다. 하지만 현재 학교 교육에 관한 문제는 심리상담을 아는 것만으로 해결할 수 있는 간단한 문제가 아닙니다. 게다가 심리상담 이론에서 말하고 있는 건 대부분 이상에 불과합니다. 사람을 상대로 할 경우 이론대로 이루어지는 경우는 거의 없습니다. 대학교수들은 대부분 현장의 실제 상황을 모르기에 그들의 말을 있는 그대로 받아들이는 것은 위험합니다. 게다가 그런

권위에 맹목적으로 따르려는 본인의 성격에도 문제가 있을 수 있습니다. 먼저 자신을, 현실을 분명하게 파악해야 합니다."

그런데 이 책을 만든 45인의 심리상담사 대부분이, 또한 나 역시 대학교수이니 과연 이 이야기를 어디까지 믿으면 좋을까요?

먼저 자기관찰부터

심신의 부조화를 관찰하다

매일의 일상을 살아가며 우리의 마음은 상황에 따라 움직이고, 매일같이 좋은 일만 일어나지는 않는 건 당연합니다.

아주 쉬운 말로 "몸과 마음을 단정히 하고 어떤 상황에서도 평상심을 잃지 말라"고 하지만 과연 그럴 수 있는 사람이 얼마나 될까요? 일상의 희로애락을 맞는 존재야말로 인간다운 삶이라고 할 수 있지 않을까요?

그렇지만 역시 스트레스가 쌓이고 심신의 부조화가 지속된다면 한시라도 빨리 그 상태에서 벗어나고 싶은 게 자연스러운 이치입니다.

심신의 부조화는 그때그때마다 정도와 내용이 다르고, 또한 사람마다 느낌과 현상이 다릅니다. 따라서 대책을 마련하려면 우선 자신의 상태를 관찰하고 파악할 필요가 있습니다. 가능한 꼼꼼히 관찰하고 자기 방식대로 표현하는 것이 중요합니다.

관찰 방법은 몸과 마음의 상태를 분리해 따로 체크하는 것입니다. 특히 몸은 각 부위마다 주의 깊게 확인하는 것이 중요합니다.

무척 예민한 성격의 의뢰인이 있었습니다. 그는 하루를 보내고 그날의 실수를 반추하느라 한밤중에도 잠을 이루지 못했습니다. 밤새 싫은 기억을 되새기는 것은 무척 힘든 일이라 그는 가능한 아무것도 생각하지 않도록 마음을 차분히 가라앉히려고 노력했습니다. 처음에는 어느 정도 마음을 제어할 수 있었지만 그것도 잠시뿐, 자다가 깨는 횟수가 점차 늘어갔습니다.

이런 상태가 한 달 이상 지속되자 더는 시간이 해결해 주기만 기다릴 수 없었습니다. 그는 방법을 바꿔서 자신의 현재 상태를 관찰해 보기로 마음먹었습니다.

자신의 실수가 떠오를 때마다 몸에 어떤 변화가 오는지 유심히 관찰해 보니 가슴이 답답해지고, 식은땀이 흐르고, 어깨가 굳어지는 느낌이 들었습니다. 그 느낌을 그대로 가지고 그는 자신에게 이렇게 말했습니다.

"어깨가 굳어지는 것은 정신적 고통을 몸이 나누어 받기 때문이다. 괜찮다, 아직 괜찮다. 참을 수 있다, 참아보자."

이렇듯 자신을 관찰하면서 그는 서서히 고통에서 해방되어 갔습니다. 자신의 상태를 관찰해 보려고 한 것이 상태를 호전시키는 데 도움이 된 것입니다.

우리는 여러 가지 방법으로 스트레스를 해소하고 몸과 마음의 부조화에서 벗어나고자 합니다. 운동, 수다, 호흡법 등 다양한 방법이 있지만 무엇보다 중요한 건 자신의 상태를 알고 그에 따라 맞춤형 건강법을 찾아내려고 노력하는 것입니다.

너무 많이 아는 것은 모르는 것만 못하다

과연되다

딱 좋은 느낌을 받기는 어렵습니다. 우리는 대개 과하거나 부족하다는 느낌을 가지고 살아가고 있습니다. 특히 과한 것에 대해서는 많은 이들이 주의를 기울입니다. 과식, 과음, 과로 등.

실제로 우리는 과한 생활을 하고 있는데 그중에서도 성가신 것이 '너무 많이 아는' 것입니다. 너무 몰라도 곤란하기는 마찬가지이지만 너무 많이 아는 것은 몰라도 될 것까지 떠안게 되기에 더욱 피곤해집니다.

종교에 매우 심취해 있던 한 의뢰인이 어느 날 조심스럽게 이야기를 털어놓았습니다.

"몰라도 되는 것까지 알 필요는 없다고 생각해요."

그녀의 말을 들으며 안다는 것은 바로 이런 것이 아닐까 생각했습니다. 적당히 아는 게 좋다는 것이지요. 너무 많이 알게 되면 오히려 불행해질지도 모릅니다.

흔히 말이 안 통하는 사람을 대할 때 '어쩔 수 없다'는 생각을 하게 되는데 이는 정신건강에 무척 중요한 역할을 합니다. 정말 이 세상은 어쩔 수 없는 것들로 가득하기 때문입니다.

너무 많이 아는 것은 인간관계에 있어서도 문제를 일으킵니다. 흔히 너무 많이 아는 사람 혹은 특정인에 대해 너무 많이 아는 사람들은 지나치게 간섭하기를 좋아하는 경향이 있습니다.

과열이 일어나면 인간관계가 복잡해집니다. 부모 자식, 부부, 연인, 친구 사이에서도 서로 너무 많이 알기에 오히려 대하기 힘들어지거나 흥미를 잃기도 합니다.

무엇이든 알지 않으면 안 되는 현실 속에서 때론 너무 모르는 것도 그다지 나쁘지 않습니다.

있는 그대로의 자신을 이해

옳고 그름을 따지지 말자

마음의 문제를 정리하고 가다듬는 방법은 여러 가지이지만 그 기본은 자신이 품고 있는 문제에 대해 '옳고 그름'을 따지지 않고, 평가하지 않고, 특정 가치관과 단순한 생각으로 결론을 내리지 않는 것이라고 생각합니다.

기분이 우울한 것을 자신의 약점으로 여기거나 성격의 문제다라고 생각한다면 스스로를 몰아세우게 되어 힘들어하고 있는 자신을 소중히 대할 수 없게 됩니다.

심리상담사의 전문성 중 하나는 의뢰인의 생각을 '이러쿵저러쿵' 평가하는 것이 아니라 가능한 그 사람이 있는 그대로 충분히 고민할 수 있는 장소를 제공한다는 점입니다.

꼭 심리상담이 아니더라도 본인이 조금만 신경 쓰고 노력한다면 있는 그대로의 자신에게 다가갈 수 있습니다. 그 방법을 간략하게 설명해 보겠습니다.

몸을 편안히 하고 신경 쓰이는 일이나 마음에 걸리는 일을 끄집어내 보세요. 이 과정은 자신이 어떤 상황에 처해 있는지 점검해 볼 수 있도록 합니다. 예를 들어 생각의 과정은 '나는 이런 점이 신경 쓰인다 → 이런 게 신경 쓰이고 있구나 → 또 이런 문제도 있구나' 하는 식으로 진행됩니다.

그저 허심탄회하게 자신의 문제를 바라보세요. 아주 사소한 문제라 할지라도 하나하나 점검해 보는 것입니다. 더는 신경 쓰일 일이 없어질 때까지 이 과정을 계속합니다. 그리고 그 문제에 대해 생각하거나 판단하지 말고 '나는 지금 이런 문제로 고민하고 있었구나. 신경 쓰고 있었구나' 하고 고민하고 있는 자신을 소중히 여겨 보세요.

그다음 과정은 신경을 쓰고 있는 자신을 지금 현재 있는 곳에 앉혀 두고 약간 거리를 두고 바라본다는 생각으로 실제로 앉아 있는 위치를 바꿔 신경 쓰이는 자신과 거리를 두고 바라보는 것입니다.

이 행위는 약 15분 이내로 정리됩니다. 이것만으로도 심적 압박감을 상당히 가라앉힐 수 있습니다. 이는 문제와 자신을 분리해 점검함으로써 문제에 끌려다니지 않게 합니다.

나를 감추는 법
외출용 얼굴도 중요하다

사춘기에서 청년기로 접어드는 이들은 자신을 싫어하는 것 같은 행동을 할 때가 있습니다. 또는 다른 사람처럼 보이게끔 행동하거나 주변의 기대에 부흥하기 위해 밝은 척을 하는 등 여러 가지 노력을 기울입니다.

마치 연기하듯 행동하며 자신이 진짜 모습을 감추면서 생활하다 보면 거짓말을 하고 있다는 데 대해 죄의식을 느끼게 됩니다.

자신을 좋아해주는 사람과 만나도 '진정한 자신'은 결코 그나 그녀가 알고 있는 자신이 아니므로 더욱더 죄책감에 빠져듭니다. 그나 그녀에게 '진정한 자신'을 보여주거나 알려지는 것을 두려워하게 됩니다. 한편으로 '진정한 자신'을 찾을 수 있다면, 가능하다면, 전부 털어놓고 싶다는 소망도 있습니다. 만약 그나 그녀가 있는 그대로의 자신을 받아준다면 그보다 더 큰 행복은 없습니다. 실제로 연애 전문가가 말하는 이성을 유혹하는 최고의 말은 '지금 그대로의 네가 좋다'라고 합니다.

상대에게 진정한 자신을 보이는 것은 상당한 도박입니다. 상대가 크게 실망하여 두 번 다시 만나주지 않을 위험도 있으니까요. 하지만 적어도 죄책감에서는 벗어날 수 있겠지요.

어쨌거나 인간은 성장하면서 '진정한 자신'을 감추기 위해 '외출용 얼굴'을 만듭니다. 이것은 대단한 노력의 결정체로, 눈물과 땀으로 범벅이 된 얼굴이라는 생각이 듭니다.

본모습을 억누르고 아무도 모르는 내가 되고 싶은 자신, 사람들이 좋아하는 자신, 신뢰받는 자신, 명랑하고 쾌활한 자신을 연출해 '외출용 얼굴'을 만들어내는 것입니다. 그러나 그 외출용 또한 누가 뭐래도 자기 자신이 만들어낸 얼굴이며 지금까지 인생의 작품인 셈입니다. 세상을 살아가기 위한 '화장'이며 '넥타이'인 것입니다.

심리상담사는 알게 모르게 '진정한 자신'을 들추어내는 일을 하게 됩니다. 상처를 잘못 만지면 덧나기 십상입니다. 금세 나을 상처에 흉을 남길 수도 있습니다. 심리상담사는 상처의 고통을 아는 것뿐 아니라 상처에 딱지가 질 때까지 그 자리를 지켜줘야 하는 사람입니다. 또한 '진정한 자신'과 '외출용 얼굴'까지도 소중히 여겨주어야 하는 사람입니다. 나는 이 점을 오늘도 되새겨 봅니다.

생각한 걸 말하지 못하면 속이 탄다

'작은 나'와 마주하자

"인사한 다음에는 무슨 말을 해야 좋을지 모르겠어요."

사람들 앞에만 서면 자신도 모르는 사이에 굳어버리는 이들이 있습니다. 사람을 상대하기 위해 끝없이 이야깃거리를 준비하느라 초조해하다가는 지쳐버리고 말 것입니다.

할 말이 없다, 답답하다는 말을 상대에게 그대로 전할 수는 없습니다. 하지만 이런 마음을 숨긴 채 자리를 지켜야 한다면 가슴속이 새까맣게 타들어가 결국 폭발하게 될지도 모릅니다.

솔직히 털어놓으면 얼마나 속이 후련할까요? 직설 화법은 긍정적으로 작용하면 상대와의 관계를 더욱 친밀하게 이어주기도 합니다. 하지만 역으로 작용해 화를 부르는 경우가 더 많기에 말처럼 쉬운 일은 아닙니다.

소크라테스는 이런 말을 했습니다.

"생각한 것을 말했다고 해서 생각한 것을 한 건 아니다."

말을 잘하는 것은 어려운 일입니다. 생각한 것을 말했다고 해서 그 생각이 그대로 상대에게 전해지지 않을 때도 있고, 때론 말로 전하지 못하고 생각만으로 그치는 경우도 있습니다.

최고의 대화 상대는 잘 들어주는 사람이라는 말이 있습니다. 많은 말을 하지 않아도 그저 열심히 들어주는 사람과 있다 보면 어느새 마음이 편안해지는 경험입니다.

정말로 말을 잘하는 사람은 상대방의 이야기를 귀 기울여 듣는 여유가 있을 뿐만 아니라, 누군가와 대화를 하는 동시에 자신의 내면과도 소통하고 있는 사람입니다.

이를테면 마주한 상대와 대화하며 그와 동시에 내 안의 '작은 나'와 교류하는 것입니다. 아무리 잘 들어주는 사람이라도 언제나 일방적인 대화를 받아들일 만한 여유가 있는 것은 아닙니다. 그럴 때 '작은 나'를 불러내 다른 사람이 아닌 나와 대화하는 상상을 해 보세요. 아무리 시끄러운 상대의 조잘거림도 용서할 만한 여유가 생기게 됩니다.

한번 시험해 보지 않으시겠습니까?

입이 찢어지면 아무 말도 할 수 없다

역시 말로 표현하지 않으면

빨간 마스크 이야기를 아십니까? 일종의 도시괴담으로 '입 찢어진 여자'라고도 합니다. 마스크를 쓴 젊은 여자가 하교하는 아이들을 붙잡고 자신이 예쁜지 물어본 다음 마스크를 벗어 자신의 얼굴을 보여줍니다. 그 여자의 입은 귓가까지 찢어져 있습니다. 만일 아이가 예쁘지 않다고 하면 그 자리에서 죽이고, 예쁘다고 하면 자신과 똑같이 아이의 입을 찢어버린다고 합니다.

한때 이 괴담이 퍼지면서 유치원과 초등학교에 가지 못하는 아이들이 생겨났는데 그중 몇 명의 상담을 한 적이 있습니다.

"사탕을 빨고 있으면 괜찮다고 해서 항상 사과 사탕을 빨고 있었어요."

"나는 주문을 외웠어요."

아이들은 여러 떠도는 이야기들을 듣고 해결법을 찾아오곤 했는데, 그중 재밌는 학생이 있었습니다.

"이상해요. 입이 찢어지면 말을 하지 못하잖아요."

"그것만은 입이 찢어져도 말할 수 없어요."

상담을 하러 와서 막상 문제의 핵심을 건드리면 절대 말할 수 없다며 이해해달라고 하는 의뢰인들이 종종 있습니다. 평소 수다스러운 사람이든 조용한 사람이든 말로 표현하는 데 저항감을 가지고 있는 이들은 마음속에 비밀을 봉인해 두는 경우가 꽤 있습니다.

입이 찢어져도 말할 수 없는 비밀을 하나쯤 가지고 있는 것도 나름 괜찮겠지만 만일 그 비밀이 자신을 짓누르는 무게를 가진 것이라면 그 봉인을 풀어야 할 필요가 있습니다. 그 고통의 무게로 인해 지금보다 더 고독해질지도 모르기 때문입니다. 말을 하지 않고 혼자만의 비밀로 간직한다면 누구도 그 사람의 사정을 알 수 없습니다.

그럴 때 나는 의뢰인에게 이렇게 말하고 싶어집니다.

"입이 찢어진다면 정말 아무 말도 할 수가 없잖아요."

고민 방법에도 습관이 있다

가능한 제대로 고민하기 위해서는

파란 하늘에 구름이 두둥실 떠다니는 맑은 날씨처럼 온화한 기분으로 매일을 보낼 수 있다면 얼마나 좋을까요? 하지만 실제로 우리의 일상은 끝없이 고민이 이어집니다. 고민이 생겼다가 사라지고, 사라졌나 싶으면 다시 생겨납니다. 고민을 완전히 없애는 것은 어려운 일이지만 '고민 방법'을 연구하고 제대로 고민하는 건 가능합니다.

우리는 누구나 버릇이 있는데 고민 방법에도 버릇이 있는 것 같습니다. '제대로 고민'하려면 먼저 자신의 고민 버릇을 알아야 할 필요가 있습니다.

고민이 생겨나면 그것을 해소하기 위해 바로 행동으로 옮기는 버릇을 가진 사람이 있습니다. 간단한 고민은 끙끙 앓기보다 행동해서 해결하는 것이 좋은 방법입니다. 반면 이직이나 전직과 같이 천천히 시간을 두고 해결해야 하는 고민일 때는 자칫 시간 낭비로 이어질 수 있기에 좋은 방법이 아닙니다. 따라서 이러한 버릇을 가진 사람은 어떠한 고민인지에 따라 신중히 행동할 필요가 있습니다.

고민에 빠질 것 같으면 거리를 두고 그냥 지나쳐 버리려고 하는 사람도 있습니다. 이는 쓸데없는 고민을 만들지 않고 살아가는 데 좋은 방법입니다. 하지만 도망치고 회피하다가 고민을 키우는 꼴이 되기도 합니다. 커다란 소동이 벌어진 뒤에 고민을 시작하면 해결하기 힘들어집니다. 상황에 따라서 피해서 해결될 일이 아니라면 그 문제에 대해 충분히 고민함으로써 해결의 실마리를 찾을 수 있습니다.

누구에게도 고민을 말하지 않고 혼자 힘으로 해결하려는 버릇을 가진 사람도 있습니다. 자신의 힘으로 해결할 수 있을 때는 좋은 방법이 되지만 누군가의 도움을 빌림으로써 더욱 쉽게 해결되는 고민도 있습니다. 혼자서 고민을 해결하려고 무리하다가 지쳐버린다면 아무것도 남는 게 없습니다.

고민의 크기와 상황에 따라 그에 맞는 고민 방법을 찾는 것이 '제대로 고민하는 방법'이 아닐까요?

전문가의 눈, 초보자의 눈
에이스 투수의 맹점

의국 대항 야구대회가 가까워졌습니다. 심료내과의 에이스인 한 투수는 새벽 연습에도 참가하며 열심이었습니다. 그는 구속이 무척 빨랐지만 한 번도 일회전을 통과하지 못했습니다. 직구밖에 던지지 못했기 때문입니다. 그는 구속을 높이는 데만 혈안이 되어 있었습니다.

"방법을 바꾸세요. 변화구를 익히면 직구를 살릴 수 있고 체력도 문제가 없을 겁니다."

처음에는 주저하던 그가 강속구를 던지던 모 투수의 변신을 듣더니 눈빛이 달라지기 시작했습니다.

드디어 이인삼각의 연습이 시작되었습니다. 나 또한 어깨를 다치기 전까지는 고향에서 에이스 투수였기에 나름 전문가였습니다. 나는 그에게 공을 쥐는 방법, 손목을 비트는 방법, 컨트롤 하는 방법 등을 지도해 주었습니다. 그는 놀라울 정도로 빨리 체득하여 겨우 2~3일 특훈으로 날카롭게 휘는 공을 던지게 되었습니다. 컨트롤도 훌륭했습니다. 그는 자신에 넘쳐 있었습니다.

그런데 그의 커브는 '예측'할 수 있었습니다. 커브를 던질 때 팔이 직구보다 약간 낮았고, 글러브를 살짝 쳐다보는 습관이 있었습니다. 그것을 지적하자 그는 무척 고마워했습니다. 이렇게 직구만 던지던 투수가 진정한 변화구 투수로 재탄생하게 되었습니다.

드디어 실력을 발휘할 순간이 찾아왔습니다. 그가 자신감을 갖도록 하기 위해 야구 초보인 수련의를 타석에 세웠습니다. 나는 포수 글러브를 끼고 직구와 커브를 섞어가며 사인을 보냈습니다. 투수는 고개를 크게 끄덕였습니다.

완벽하다고 생각했던 그의 커브는 전부 깔끔한 안타가 되어 버렸습니다.

"그럴 리 없는데? 잘 휘어져 들어왔고 컨트롤이나 볼 배합도 완벽했어. 잘못된 습관도 완전히 고쳤고. 대체 이유가 뭐야. 아직 훈련이 부족한가?"

의아해하는 우리에게 수련의는 조심스레 이야기했습니다.

"커브를 던질 때 싱글벙글 웃고 있으니 금방 알 수 있어요."

그 수련의 덕에 어이없는 사실을 깨닫고 그 뒤의 연습 시합에서는 3연승을 거둘 수 있었습니다.

전문가에게 보이는 것이 초보자에게는 보이지 않고, 역으로 초보자에게 보이는 것이 전문가에게는 보이지 않는다는 진리를 깨닫게 해준 유쾌한 일화였습니다.

왜보다 어떻게를 소중하게
자신의 곤경을 생각하자

"왜 이렇게 되었을까요? 저의 잘못일까요 아니면 다른 원인이 있는 걸까요?"

왜 그렇게 되었는지 따지는 것은 원인을 알면 간단히 해결할 수 있다는 발상에서 비롯됩니다. 그리고 이 생각은 흔히 말하는 과학적 발상의 기본과 같은 것으로, 근대적 사고방식에 빠져들게 해 달리 생각할 수 없게 만듭니다.

어떤 일이든 그에 걸맞은 사고를 하는 것이 중요합니다. 마음을 달래려면 마음의 특성에 맞춰 생각해야 합니다. "왜?"라는 질문은 마음을 따지는 방법으로는 부적절합니다.

"왜?"라는 물음은 왜 그렇게 행동해야 했는지 자책하

게 만들고 끊임없이 "왜? 왜? 왜?"를 반복하게 합니다. 그 "왜?"에 대한 맞을 수도 있고 틀릴 수도 있는 추측성 답은 대개 비생산적이거나 자신이나 남을 책망하는 것들이 많습니다. "왜?"는 또다시 "왜?"를 낳게 되고 또 다른 "왜?"를 불러들이게 됩니다.

또한 "왜?" 그러한지 생각을 하는 것만으로 마음이 위축되어 원래의 유연성을 회복하지 못하게 될 수도 있습니다. 머리로 마음은 '생각'할 수 있지만 '느낄' 수는 없습니다.

따라서 마음의 문제는 왜 그렇게 된 건지 이유를 따지기보다는 다른 질문을 던짐으로써 정리되기도 합니다.

"어떻게?"

즉 남들의 시선이 신경 쓰여 곤란을 겪고 있다면 그에 대해 어떻게 느끼고 있는지, 그때 어떤 경험을 했는지 등을 생각해 보는 것입니다. '마음이 시멘트처럼 굳어버렸'거나 '줄에 꽁꽁 묶인 것처럼 움직일 수 없었다' 또는 '위가 조이는 느낌' 혹은 '몸이 녹아내리는 것 같다'는 식으로 어떻게 곤란한 상황인지 상세히 풀어 나가다 보면 조금은 이해가 되고 마음이 정리되어 그것만으로도 충분히 마음이 가벼워지게 됩니다. 그렇게 마음을 넓혀 나갈 수 있습니다.

간발의 차

당신은 결코 실패가 아니다

한 테니스 동아리 합숙에서의 일입니다.

선배가 테니스 초보인 후배에게 연습을 시키고 있었습니다. 공이 날아오는 방향을 따라 후배는 코트를 달렸습니다.

"더 빨리 뛰어! 다리를 움직이라고! 어딜 보는 거야!"

후배는 이를 악물고 열심히 뛰어다녔지만 선배의 잔소리를 들을수록 실수를 연발했습니다. 라켓 끝으로 치거나 헛스윙을 하고 공을 엉뚱한 데로 날리는 등 몸이 더욱 굳어졌습니다. 이런 상황이 계속되자 선배가 휴식 시간을 주었습니다. 후배는 얼굴빛이 어둡고 풀이 죽어 있었습니다. 잠시 후 다시 연습이 시작되자 다른 선배가 후배에게 다가왔습니다.

"코치를 바꾸자. 내가 공을 쳐줄게."

선배는 일부러 받아치기 쉽게 공을 쳐주었지만 후배는 여전히 주눅이 들어 몸이 굳은 탓에 실수를 했습니다. 그때마다 선배는 후배의 단점이 아닌 장점을 칭찬해 주었습니다.

"지금 스트로크는 좋았어."

"백 스트로크 좋은데!"

차츰 후배는 몸이 풀리며 활발히 움직였습니다. 그 모습을 보며 선배는 조금씩 좌우로 공을 보내기 시작했습니다. 초보자는 힘겹게 공을 받아쳤습니다.

"좋아, 바로 그거야!"

선배가 칭찬을 하는 순간 후배는 멀리 떨어진 공을 쫓지 못하고 그만 헛스윙을 하고 말았습니다. 후배는 금세 풀이 죽어 그 자리에 망부석처럼 굳어버렸습니다.

선배는 후배에게 밝게 웃으며 말했습니다.

"아깝다, 간발의 차야!"

후배는 몸에서 힘을 빼고 쑥스럽다는 듯 웃었습니다.

헛스윙을 하는 하나의 사실을 두고 두 선배는 각기 다르게 말했습니다. 한 명은 더 빨리 뛰라고, 다리를 움직이라며 화를 냈습니다. 또 다른 한 명은 간발의 차라며 격려해 주었습니다. '간발의 차'라는 말은 자신이 잘하고 있다고 생각하게 하는 힘이 있습니다.

사실은 하나이지만 관점에 따라, 보는 사람에 따라 진실은 전혀 다른 의미를 지니게 됩니다. 실패자라고 자책하기 전에 자신에게 긍정적인 의미를 부여해 보십시오. 싫은 일이 닥쳤을 때 '간발의 차'라고 생각하면 다시 상황을 냉정하게 판단하고 해결책을 찾을 수 있을 것입니다.

 만일 스스로 이런 말을 되뇔 수 없다면 부정도 긍정으로 바꿀 수 있는 사람을 찾아보세요. 그는 관찰자의 입장에서 당신이 미처 깨닫지 못한 당신의 긍정적인 부분을 분명 발견할 것입니다.

소극적 경험

서두르면 앞만 보게 된다

"적극적으로 생활하려고 노력하고 있지만 여전히 소극적인 성격입니다."

자신을 '소극적'이라고 말하는 사람을 자주 볼 수 있습니다. 이들은 본인 스스로 적극적으로 생활하려고 노력하고, 주위에서 적극적으로 행동하라고 말하지만 마음먹은 대로 잘 되지 않습니다.

말하는 자신이 적극적인 생활을 하려고 하고 주변에서도 여러 가지 '적극적'이 되기 위한 조언을 해주지만 맘대로 되지 않습니다.

소극적인 성격을 바꾸고 싶어 하는 의뢰인과의 상담에서

우리는 그 자신이 모르고 있던 적극적인 힘을 함께 이끌어내고 더 나아가 그것을 경험함으로써 적극성을 정착시키는 합니다. 요즘 사람들은 집착하고 서두르는 나머지 경험이 정착하기까지의 과정을 무척 힘들어합니다.

염색가가 쓴 《일색일생一色一生》이라는 책이 있습니다. 저자는 꽃과 풀 등 자연에서 색을 추출해 그 색을 실에 염색하고 그 실을 짜는 일을 하는 사람입니다.

이 책은 염색에 관한 흥미로운 관찰을 보여주고 있습니다. 아름다운 벚꽃색의 실을 얻으려면 식물을 달인 물에 실을 담그는 것만으로는 색이 정착되지 않습니다. 벚나무를 태워 잿물을 만들고 거기에 실을 담그는 매염 작업도 해야 합니다. '자신의 재로 자신의 색깔을 만들려면' 벚나무를 불에서 태우는 일이 필요한 것입니다.

나는 이 책을 읽으며 소극적 경험을 떠올렸습니다. 벚나무를 태워 만든 잿물로 매염 작업을 하여 보다 선명한 염색을 할 수 있듯 소극적 경험을 태워 만든 힘으로 더욱 강인한 적극적 힘을 찾을 수 있지 않을까요?

서둘러 적극적으로 변하려고 하기보다는 이전의 소극적 경험 또한 변화를 위한 발판이 될 수 있음을 기억하고 천천히 노력해 보세요.

심리상담사가 말하는 자신의 일
심리상담이 도움되게 하는 방법

많은 분들이 심리상담사가 정말 도움이 되는지 질문합니다. 특히 나의 가족이 질문을 할 때 가장 강력하게 와 닿습니다.

"남의 이야기를 들어주는 일을 하면서 정작 가족이 곤경에 처했을 때 당신에게 말을 걸면 들어주지 않아요. 심리상담사가 정말 도움이 되긴 해요?"

분명 나는 의뢰인을 대할 때만큼 가족의 이야기를 진지하게 들어주지 못합니다. 어쩌면 내가 문제의 당사자이기 때문에 대처하기 힘든 게 아닌가 싶습니다. 특히 나 자신이 문제의 불씨라고 가족이 생각하는 경우에는 가족의 분노의 불똥이 튀고 있다는 느낌을 받습니다. 그럴 때 나는 가족의 말을 듣기는커녕 다른 방향으로 화제를 돌리기에 급급합니다. 하지만 그것은 불난 집에 기름을 붓는 결과를 초래해 나는 더욱 비난을 받게 됩니다. 그럼 나는 그만 심리상담사라는 직업을 망각한 채 반격에 나서게 되고, 우리는 처음의 문제와 상관없이 다투게 됩니다. 무얼 하든지 서로 나쁘게 받아들이고 불신이 눈덩이처럼 불어납니다.

이 같은 갈등 패턴이 한번 시작되면 계속 같은 패턴으로 싸우게 됩니다. 이때 문제를 해결하는 것보다 갈등 패턴의 흐름을 바꾸는 것이 최우선입니다.

흐름을 바꾸기 위해 가장 좋은 방법은 제삼자의 도움을 받는 것입니다. 중립적인 제삼자의 객관적인 입장에서 이야기를 듣는 것은 악순환의 회로에 창문을 달아주는 역할을 합니다. 그것은 공기를 순환시켜 열을 식히는 작용을 해 이전과 달리 서로 냉정하게 다른 관점에서 바라볼 수 있게 합니다. 제삼자가 끼어들어 일방적으로 한쪽의 편을 들게 된다면 열을 식히기는커녕 불난 집에 부채질을 하게 되니 주의할 필요가 있습니다.

심리상담사는 이러한 제삼자의 역할도 합니다. 제삼자로 나서 줄 적당한 사람이 없거나 문제의 회로가 너무 복잡해 일반인으로서는 이해하기 힘든 경우 심리상담사를 찾습니다.

멈춰 선 인생의 시간/끝난 인생의 시간

인생의 시간은 제각각

"당신의 인생의 시간은 지금 몇 시인가요?"

마음속으로 생각하는 나이는 실제 나이와 조금 다릅니다. 그런 점에 착안해 그 사람이 자신의 인생에서 어디쯤 살고 있는지 알아보기 위해 이 질문을 만들어 봤습니다. 의뢰인들에게서 여러 재미있는 대답을 들을 수 있었습니다.

한 30대의 직장인 미혼 여성은 이렇게 답했습니다.

"이미 저녁에서 밤으로 접어들고 있어요. 얼마 전에 신입사원 환영식이 있었어요. 남자들은 젊은 여자들에게만 눈길이 향하고 제게는 전혀 관심이 없어요. 상사도 젊은 여자와 미혼 남자를 이어주려고 열심인 것 같아요. 그걸 보고 있으면 정말 화가 나요. 저는 이미 결혼도 틀렸고 인생에 아무 재미도 없어요. 이제 어떻게 되든 상관없어요. 이미 인생은 끝났어요."

이 사람처럼 자신이 나설 곳과 역할, 혹은 존재 가치가 없어졌다고 느끼게 되면 나이가 젊더라도 '저녁에서 밤'이라고 말합니다.

역으로 시간을 멈추게 하려는 듯 필사적인 사람도 있습니다. 밤이 되면 불안해서 발작을 일으키다 거식증에 걸린 여중생이 있었습니다. 나는 그 이유를 알 수 없었습니다. 조심스럽게 물어보니 이렇게 대답했습니다.

"밤이 되면 다시 아침이 와요. 또 하루가 지나가요. 시간이 흐르는 게 무서워요. 이대로 시간이 멈췄으면 좋겠어요."

그 여중생에게 있어 시곗바늘이 지나가는 것은 어른이 되는 것, 성숙해지는 것을 의미했습니다. 그것이 너무 두려운 나머지 먹지 않음으로써 자신의 성장을 멈추고 인생의 시간을 멈추고자 필사적이었던 것입니다.

한 40대의 넘은 공무원은 고등학생이나 대학생이 말할 법한 답을 내놓았습니다.

"오전 10시입니다."

그는 직장을 그만두고 가게를 차리고 싶어 했습니다. 적성에 맞지 않는 일을 하며 그는 자신의 인생의 시간이 멈춰 있다고 느끼고 있었습니다.

그는 자신의 인생 시간에 걸맞게 살기 위해서는 정말로 하고 싶은 일, 인생에서 가장 중요한 일을 혼신의 힘으로 부딪힐 수밖에 없다고 생각했습니다.

"그동안 나는 계획을 접어두고 있었지만 이렇게 된 이상 전력투구할 생각입니다."

그는 자신의 모든 열정을 쏟아부어 가게를 차리기로 결심했습니다. 그때 멈춰 있던 시곗바늘이 서서히, 그리고 착실하게 움직이기 시작했다고 합니다.

빈틈이 없으면 무너진다

게으름뱅이 개미를 보라

일개미를 관찰하다 보면 열심히 일하는 건 그중 약 2할 정도라고 합니다. 나머지 8할은 주변을 어슬렁거릴 뿐입니다. 그 8할을 배제하고 소수 정예 2할만 모아 보니 또다시 2 대 8의 비율로 열심히 일하는 개미와 일하지 않는 개미로 나뉩니다. 일하지 않고 주변을 어슬렁거리던 8할의 개미로 집단을 꾸리면 어떻게 될까요? 굶어 죽을 것 같지만 역시 2 대 8로 나뉘게 됩니다.

 이유는 명확하지 않지만 뭔가 시사적이고 미소를 짓게 하는 생태학적 관찰입니다. 아무래도 집단이란 건 바람직하지 않은 혹은 틀에 벗어난 뭔가가 있는 것이 건전한 것 같습니다.

　문장에서도 행간, 단락, 띄어쓰기 등이 없는 글은 상당히 읽기 어렵습니다. 마찬가지로 우리의 인생에도 이 같은 쉼이 필요합니다. 의욕이 넘치는 건 좋으나 매일을 그렇게 살아갈 수는 없습니다.

　회사 일이 바빠서 혹은 집안일로 정신이 없어서 여유로운 시간을 갖지 못하게 되면 어느새 마침표와 쉼표가 빠져버리고 일로만 빽빽이 채운 인생을 살게 됩니다.

　성실한 것도 좋고 근면한 것도 좋지만 쉬엄쉬엄하지 않으면 어느 날 문득 아무 대책 없이 문제에 직면할 수 있습니다. 지금은 시간이 없다거나 혹은 여유가 없다며 쉴 틈을 주지 않고 자신을 몰아세우다가 힘이 들어서 주저앉아 버리는 일이 생기게 됩니다.

　한 의뢰인의 경우 노이로제에 걸려 하던 일을 모두 그만두고 더는 아무것도 하지 않으려고 합니다. 그의 고통은 자신뿐 아니라 가족까지 같이 짊어지게 됩니다.

　끝없이 문제와 직면하다 보면 결국 무기력 상태에 빠지게 됩니다. 온종일 힘들어할 필요가 있을까요? 잠시 여유를 낸다는 게 쉽지 않은 일일 수 있지만 하루에 한두 시간 정도라도 정신에 휴가를 주는 건 어떨까요?

심리상담사가 말하는 자신의 일
의뢰인에게 배우다

택시 기사란 상당한 근성과 정력이 필요한 직업이라고 생각합니다. 매일 수없이 많은 사람을 만나고 그들을 안전하고 확실하게 목적지까지 데려다 주는 일을 반복적으로 하고 있으니까요. 하루에 여러 명의 의뢰인과 만난다는 점에서 심리상담과 닮았습니다. 이야기를 좋아하는 기사님과 만나게 되면 나도 모르게 "고생이 많으십니다"라고 말합니다.

    나는 짐 자무시 감독의 〈지상의 밤Night On Earth, 1991〉이라는 영화를 좋아합니다. 옴니버스 형식의 이 영화는 로스앤젤레스에서 시작해 뉴욕, 파리, 로마, 헬싱키 등 세계 주요 도시에서 같은 시각에 일어나는 택시 기사와 손님의 이야기를 담고 있습니다. 순간의 만남과 이별 속에 각각의 인생이 교차되는 모습은 재밌기도 하고 서글프기도 하면서 진한 감동을 줍니다.

택시라는 밀실에서 이루어지는 기사와 손님의 우연한 만남에서 그들은 확실히 각자의 개성을 드러내고 살아온 역사가 교차됩니다. 그것은 마음을 따뜻하게 하기도 하고, 묘한 느낌을 주기도 하며, 화나게 하기도 합니다. 하지만 그것 자체가 목적이 아니라 중요한 것은 어디까지나 안전하게 목적지에 도착하는 것입니다. 서로 마음속 미련과 감동을 가지고 손님이 내린 순간부터 그들의 관계는 이미 과거에 지나지 않습니다.

이것은 어딘지 심리상담이라는 직업과 통하는 것이 있습니다. 심리상담은 한 번 혹은 몇 차례에 걸쳐 진행되기도 하지만 우연히 만난 두 사람의 일회성 드라마의 반복과 안전하게 목적지에 도착하고 이별하는 과정이 닮아 있습니다.

영화 〈지상의 밤〉의 뉴욕 편을 보면, 몇 번이고 승차 거부를 당한 흑인(요요)이 겨우 택시를 잡아탑니다. 운전사(헬무트)는 이민 온 지 얼마 되지 않아 지리도 잘 모르고 운전도 서툽니다. 결국 요요는 자신이 운전대를 잡고 목적지인 브루클린까지 가게 됩니다. 두 사람은 시시껄렁한 이야기를 나누며 어느새 친구가 됩니다.

목적지에 도착해 요요는 헬무트에게 자랑스레 말합니다.

"잘 봐요, 여기가 브루클린이에요!"

그는 택시에서 내리며 헬무트에게 뉴욕으로 돌아가는 길을 가르쳐 줍니다.

나는 이 장면을 보며 심리상담사가 항상 운전대를 잡고 있어야 할 필요는 없을 것 같다는 생각을 했습니다. 그리고 어느 순간 심리상담사를 태우고 스스로 핸들을 잡고 목적지를 찾아가는 의뢰인에게서 상당히 많은 여정을 배우고 있음을 알게 되었습니다.

마음의 문을 닫아버릴 때

말기 암 환자의 간호

최근 심리상담사가 말기 환자의 죽음의 문제에 직접적으로 관여하는 일이 늘게 되었습니다. 나는 이 일에 대해 잘 모르고 있었을 때, 지금 생각해도 후회가 되는 경험이 있습니다.

한 부부가 있었습니다. 나는 그들이 결혼하기 이전부터 두 사람과 알고 지냈습니다. 부인은 둘째 출산 직후 건강 상태가 좋지 않아 정밀검사를 한 결과 20대 중반의 나이에 악성 말기 암 판정을 받았습니다. 암의 진행이 빠른 데다 격렬한 통증을 동반해서 엄청난 양의 진통제를 투여해 의식이 없는 상태로 죽음을 맞이하게 되었습니다.

그녀가 죽고 나자 자식의 죽음을 받아들이지 못한 부모는 딸의 남편을 추궁했습니다.

"내 딸을 죽게 한 건 바로 너야. 전부 네 책임이야!"

그 뒤로 남편은 아내의 친정어머니에게 차마 아이들을 돌봐 달라고 부탁할 수 없어 혼자서 두 살짜리 아들과 젖먹이를 돌보기 위해 별수 없이 어린아이들을 데리고 고향에 있는 시골집으로 내려갔습니다. 그는 도시에서 철도용 터널을 뚫는 토목기술자라는 매력적인 일을 했는데 고향으로 가는 바람에 시골 철도의 선로 보수 일을 하게 되었습니다.

죽음은 당사자에게만 중대한 문제가 아니라 남겨진 가족에게도 중대한 문제입니다. 이 상황에 심리상담사가 개입하게 된다면 좋은 결과를 이끌어낼 수 있으리라고 여겨지는 점이 두 가지 있습니다.

하나는 죽음을 앞둔 당사자에게 도움을 주는 것입니다. 말기 암 환자의 통증의 상당 부분은 죽음에 대한 공포에서 시작됩니다. 말기 환자 간호의 중심은 통증을 컨트롤 하는 것입니다. 하지만 이것은 목적이 아니라 환자가 마지막까지 마음을 연 상태로 주변으로부터 심적 지원을 받아들이게 하는 것이 목적입니다. 일반적으로 가족과 의료진과의 대화를 통해 죽음을 받아들이도록 인도할 수 있습니다. 물론 여기에 전문 심리상담사가 개입할 수 있다면 두말할 나위가 없습니다.

나머지 하나는 그녀의 부모가 딸의 죽음을 받아들일 수 있도록 돕는 것입니다. 부모는 병과 죽음의 공포에 압도당해 아직 젊은 딸의 죽음을 받아들이지 못하고 그녀의 남편을 공격적으로 대하게 되는 안타까운 행동을 하고, 서로 마음의 문을 닫아버리는 최악의 사태에 빠져버리고 말았습니다.

당시 나는 죽음의 문제에 대한 지식이 없었기에 단지 친구의 입장에서 그들에게 아무런 도움을 주지 못하고 함께 방황했습니다. 그때 적극적인 행동을 하지 못한 것이 지금까지 후회스럽습니다.

공간의 감촉

댄스로 자신을 발견

댄스 테라피라는 연수회에 참가해 보았습니다. 댄스로 몸을 맘껏 움직이며 평소 응어리진 것들을 발산하는 치유법입니다. 댄스 테라피는 단순히 춤동작을 따라 하는 것이 아니라 본인이 움직이고 싶은 대로 마음껏 행동하는 것부터 시작합니다.

걷기도 하나의 댄스 테라피에 속합니다. 사람들은 평소 걷는 동작에 대해 신경 쓰지 않았습니다. 그저 목적지에 가기 위해 걸을 뿐입니다. 댄스 테라피에서는 묵묵히 자신의 걸음걸이에 집중하게 됩니다. 자신의 몸이 얼마나 부자연스러운지 처음으로 깨닫게 됩니다. 우리는 평소 습관적인 동작에 꽤 속박당하고 있습니다. 마음의 배려나 사람을 대하는 방법, 말하는 방법까지 그렇습니다. 자신도 모르는 사이 몸에 밴 습관에 구속당하고 있는 것입니다.

댄스 테라피의 첫날은 자유롭게 몸의 움직임에 집중해 자신의 부자연스러움을 제대로 느낌으로써 몸에 밴 버릇이 확연히 드러납니다. 타인의 동작을 흉내 낼 필요가 없습니다. 스스로 발견하는 것입니다. 하나의 동작이 또다시 새로운 동작을 만들어 냅니다. 그 속에 한동안 몸을 맡기면 전혀 예상하지 못한 감정이 넘쳐흐르기도 합니다.

어느 순간 테라피스트가 동작을 멈추게 합니다. 참가자는 움직임을 멈추고 그 순간의 자세를 유지합니다. 정지된 상태에서 한동안 심호흡을 하면 그때까지 동작의 여운이 몸속 깊숙이 퍼져갑니다.

몇 번의 반복으로 어렴풋이 알게 된 것이지만 댄스 테라피의 효과는 몸을 충분히 움직임으로써 얻을 수 있는 해방감만이 아닙니다. 자신의 몸을 감싸고 있는 공간의 감촉을 직접 확인할 수도 있습니다. 그것은 실로 불가사의하고 유쾌한 경험입니다.

지금 하려고 생각했는데

알고 있지만 하기 싫다

누구나 하고 싶지 않은 일이 있습니다. 반드시 해야만 하는 일이라면 하긴 하더라도 가능한 한 미루고 싶을 것입니다. 정말 하기 싫은 일이지만 겨우 마음잡고 하려는 순간 누군가에게서 이런 말을 듣는 경우가 있습니다.

"아직도 안 하고 뭐 하냐? 빨리 해라!"

이때의 기분은 그야말로 욕이 튀어나올 정도입니다. 이런 일은 일상생활에서도 흔히 일어납니다.

학교에서 돌아와 간식을 먹고 잠시 쉬었다가 '이제부터 한번 숙제를 해 볼까'라고 생각한 순간 마치 속을 꿰뚫어 보듯 엄마가 나타나 "빨리 숙제 안 하니?"라고 말합니다.

상사에게 결재를 올려야 하는데 가기 싫은 나머지 다른 업무를 처리하면서 시간을 끌고 있다가 별수 없이 '이제 가져 가야지' 하고 생각한 순간 상사가 나타나 "아직도 결재 안 올리고 뭐 하는 거야?"라고 말합니다.

  피로에 지쳐 집에 돌아와 잠시 쉬었다가 '이제 아기 목욕 시킬까' 하고 마음먹은 바로 그 순간 아내가 나타나 "아기 목욕 시키라니까 여태 뭐 하는 거예요?"라고 말합니다.

  스스로 하려던 것도 누군가의 잔소리를 들으면 하기 싫어지는 경우가 있습니다.

  "젠장, 잔소리! 내가 시킨다고 할 것 같아? 내가 하고 싶을 때 할 거야! 이제 겨우 할 맘이 생겼었는데……."

  이때 화가 나는 이유는 주도권을 빼앗겼기 때문입니다. 싫은 일도 자신의 의지로 하면 주도권을 가지고 행동할 수 있지만 상대의 시키는 대로 하면 조정당하는 기분이 듭니다. 조정당하는 건 상당히 자존심 상하는 일입니다. 특히 그것이 자신이 잘하는 분야이거나, 책임을 가지고 해야 되는 일이라면 더욱 그렇습니다. 자존심이 상하면 화가 나게 됩니다. 지적하지 않아도 이미 알고 있다고, 알지만 네가 지적하니까 하고 싶지 않아졌다고 말대꾸하고 싶어집니다.

  당신 또한 그러한 잔소리꾼이 될 수 있습니다. 상대가 이미 알고 있고 노력하고 있음을 믿고 조용히 바라봐 주세요.

안전과 자유, 어느 쪽을 선택할까

안정된 마음의 비결

여러 의뢰인의 고민을 듣다 보면 사람들은 무엇을 의지하며 살고 있는지에 대해 생각할 때가 있습니다. 최소한의 안전감 혹은 안심을 하기 위해서는 어떤 조건이 필요할까요.

사소한 고민과 걱정으로 혼란에 빠져 있는 의뢰인이 있었습니다. 그는 이렇게 말했습니다.

"자신의 세계를 축소시켜 버리면 안전하겠지만 자유롭지는 않게 되지요. 저는 자유롭고 싶어요."

그는 인생의 절반을 '안전'을 위해 허비할 정도로 안전을 최우선으로 여기며 살아왔습니다. 그럼에도 여전히 안전감을 보장받지 못하고 자신의 '안전'을 위협하는 모든 것에 대해 대비했습니다.

이를테면 그는 사소한 일조차 안전을 위협하는 것으로 보았습니다. 그는 혼돈에 빠져 그 사소한 일이 괜찮을지, 어떻게 대처하는 것이 좋을지 주변 사람들에게 조언을 구하고 다수의 의견을 따라 문제를 해결하곤 했습니다.

하지만 그는 이 방법을 무척 싫어했습니다. 그런 행동은 본의 아니게 주변 사람들을 '질리게' 했고, 그로 인해 그를 멀리하게 하는 사람이 늘어 갔습니다. 또한 그가 추구하고 있는 '홀로서기'와도 거리가 있는 방법이었습니다.

세상에는 정말 싫은 것도 있고, 무서운 것도 있고, 피하고 싶은 것도 많이 있습니다. 그렇지만 사람들은 자신의 세계를 틀에 가두지 않고 리스크에 그대로 노출된 채로 살아갑니다. 아마도 마음의 고통을 견디는 능력이 아닐까 생각합니다. 또한 최소한의 자기 긍정이 아닐까 생각합니다.

의뢰인과 나는 그 역시 다른 이들과 마찬가지로 내면에 고통을 견디는 힘이 있음을 깨닫는 여정을 시작했습니다. 안전한 것과 그렇지 않은 것을 스스로 구분할 줄 아는 능력도 찾아 갔습니다. 남의 의견을 따르는 것에서 벗어나 스스로 결정하는 방법을 배워 갔습니다. 여전히 그는 무척 조심스럽지만 이전보다 '자유롭게' 행동하고 있습니다.

고생을 강요하는 건 이제 그만

젊은이들에게 강요, 사람들에게 강요

초년고생은 은 주고 산다는 말이 있습니다. 젊은 날의 고생은 삶을 살아가는 데 중요한 밑거름이 된다는 의미입니다. 예로부터 나이 든 이들이 젊은이들에게 자주 하던 설교 중의 하나입니다.

최근 젊은이들의 심리상담을 하다 보면, 이 말을 있는 그대로 받아들여 이렇게 말하는 사람이 있습니다.

"지금부터 고생을 한번 해 봐야겠지요?"

그럴 때 나는 "글쎄요."라고 대답하지만 마음속은 복잡합니다. 이 의뢰인의 배후에는 반드시 고생을 강요하는 사람의 그림자가 숨어 있기 때문입니다. 다시 말해 그에게 '젊어서 고생'을 시키는 사람, 심한 경우는 강요하는 사람의 존재가 느껴지기 때문입니다.

고생은 굳이 사서 하지 않아도 어느 순간 비처럼 쏟아집니다. 도망쳐도 끝까지 쫓아오고, 보지 않으려고 해도 눈앞에 날아듭니다. 차이고 싶어서 연애를 하는 사람은 없을 것이고 떨어지려고 시험을 보는 사람도 없습니다. 그럼에도 사람들은 연애에 실패하고 시험에서 탈락합니다. 불행과 고생 등은 굳이 일부러 나서서 떠안지 않아도 찾아오는 것임을 인생을 몇십 년 먼저 산 사람들이 모를 리 없습니다.

억지 고생은 할 필요 없습니다. 고생하지 않아도 어른이 될 수 있습니다. 고생을 알고 있는 배배 꼬인 어른이 될지, 고생을 모르는 운 좋은 어른이 될지 선택하는 건 당신 몫입니다.

죽지 못해 고통스럽다

인생의 반환점을 생각하자

　죽고 싶다고 말하는 사람일수록 죽지 않는다는 말이 있습니다. '죽고 싶다'는 것을 어쩌면 '죽음'을 피하기 위해 하는 말이 아닌가 생각합니다.

　반면 죽고 싶다고 말하다가 정말 죽어버리는 사람도 있습니다. 아마 그 수는 죽고 싶다고 말하지만 죽지 않고 살아가는 이들보다 압도적으로 많은 것 같습니다. 심리상담사는 그런 사람들과 자주 만나게 됩니다. 의뢰인의 고통과 괴로움만큼은 아니더라도 심리상담사 역시 고통스런 매일을 강요당하고 있습니다.

　40세의 여성 의뢰인이 있었습니다. 그녀는 처음 상담에서 계속 죽고 싶다고 이야기했습니다. 그 말을 들을수록 그녀의 죽고 싶어 하는 마음이 내게도 전해졌습니다. 정말 그녀가 죽을지도 모른다는 생각을 하며 고통스런 상담을 했습니다.

그 뒤로 우리의 상담은 2년 정도 이어졌습니다. 그녀는 생기 없는 표정으로 여전히 죽고 싶다고 되풀이했습니다. 하지만 나는 이전과는 다른 생각과 감정이 들기 시작했습니다. 이 사람의 고통은 죽고 싶어서 고통스러운 걸까? 아니면 죽고 싶지만 죽지 못해서 고통스러운 걸까? 실력 없는 심리상담사라고 생각할지 모르지만 2년여가 지나 겨우 그런 생각이 들기 시작했습니다.

분명히 처음 그녀는 죽고 싶은 마음으로 고통스러웠을 것입니다. 하지만 아무리 죽으려 해도 죽지 못했기 때문에 지금까지 시간을 낭비해 버렸습니다. 그렇다면 지금 그녀는 '죽고 싶다'는 입장에 서 있기 때문에 고통스러운 것이 아니라 '죽을 수 없다'에서 시작하지 않으면 안 되는 걸일까요? 마라톤에 가는 길이 있고 돌아오는 길이 있는 것처럼 '죽고 싶다'는 마음도 언제부턴가 '나는 죽지 못한다'라는 반환점에 도착해 '살아간다'라는 반환점을 돌아 골을 향하지 않았을까요.

오랜만의 상담에서 그녀에게 내 생각을 전했습니다. 이것은 커다란 도박이었습니다. 죽고 싶어 하는 사람은 죽음으로써 편해질 수 있다고 생각하기에 '죽지 못한다'는 것은 '죽을 만큼' 힘들기 때문입니다. 또한 어떤 의미에서 '죽지 못한다'는 것은 죽고 싶은 것보다 힘든 일일지도 모릅니다.

예상대로 의뢰인은 낙담한 표정을 지으며 크게 동요하기 시작했습니다. 그 뒤로 여러 우여곡절이 있었지만 그녀는 더는 죽고 싶다고 말하지 않고 반환점을 돌아 '죽지 못하는' 인생을 살기 시작했습니다.

제3장

부모/자식 마음교육

가사와 육아는 반비례
가사는 적당히 요령을 피울 것

발달심리학 세미나에서 일어난 일입니다. 한 중년 상담원이 말했습니다.

"저는 가정방문을 하면 가스레인지가 깨끗한지 관찰합니다. 어머니가 아이를 잘 키우고 있는지 참고가 되지요."

그러자 교수가 상당히 강한 어조로 반박했습니다.

"집안일을 잘하는 것과 훌륭한 육아는 전혀 다릅니다."

상식적으로 집안일을 잘하는 사람이 육아도 훌륭히 해낼 거라고 생각하기 쉽습니다. 그런데 의외로, 자녀 문제로 찾아오는 어머니들 가운데 다수는 정리정돈을 잘하고 식단에 주의를 기울이는 등 집안일을 완벽하게 하는 분들입니다.

자녀 문제로 한 어머니가 상담을 하러 왔습니다. 아이는 두 살 무렵부터 어머니와 눈을 마주치지 않고 혼자 놀고 있었습니다. 아이와 관계가 어긋나기 전 어머니의 일상을 들어 보았습니다. 그녀는 아이를 위해 아침저녁으로 청소를 하고, 매일매일 시트와 수건을 세탁하고, 반찬도 10가지 이상 준비했습니다. 이렇듯 매일 집안일을 하다 보니 아이와 상대할 여유가 없었을 겁니다. 나는 어머니에게 집안일에 요령을 부리고 가능한 아이와 함께 해 보라고 권했습니다. 그러자 차츰 어머니와 아이의 관계가 회복되었습니다.

앞의 예는 조금 극단적인 것이지만 실상 어린아이가 있는 집을 매일같이 깨끗이 정리하는 것이 가능할까요? 어머니가 온종일 집을 정돈하느라 분주하다면 아이들은 자유롭게 놀기는커녕 어지럽혀서 혼이 날까 봐 쭈뼛거릴지도 모릅니다.

어머니 또한 집안일에 바빠 여유가 없으면 아이에게 짜증을 내는 일이 잦아질 것이고, 계속 치워도 어질러져 있으면 화가 나는 게 당연할 테고, 열심히 음식을 차린 만큼 남기지 않고 먹이려고 할 것입니다.

아이가 하는 행동에 느긋하게 대처하려면 어머니는 열심히 하지 말고 적당히 요령을 피우는 것이 중요합니다. 인간의 능력에는 한계가 있으니 때로는 '집안일과 육아는 반비례'한다는 것을 머릿속 어딘가에 기억하세요.

아이의 마음을 부모는 모른다

아이는 가족의 분위기를 파악하는 데 천재다

 어머니의 손에 이끌려 초등학교 1학년 여자아이가 정신과 외래 진료를 받으러 왔습니다.
 먼저 아이의 병력을 살펴보았습니다. 이 작은 소녀는 여러 차례 구토 증상으로 입원한 소아과 병력이 있었습니다. 아이가 증상을 일으킨 건 주로 학예회나 소풍 등 학교 행사 직전이었습니다.
 어머니는 학교 행사와 아이의 병은 상관이 없다고 말했습니다. 아이는 평소 밝고 쾌활한 성격이며 학교 행사를 싫어하기는커녕 며칠 전부터 목을 빼고 기다릴 정도라고 했습니다.

"이번에 아이가 수영을 배우고 싶다고 하기에 보내려고 했어요. 아이가 가고 싶다고 했어요. 절대 억지로 보내려고 한 게 아닌데……."

어머니는 아이에게 아무것도 강요하지 않으며 스스로 좋아하는 걸 시킨다고 이야기했습니다.

이번에는 아이의 가정환경을 살펴보았습니다. 아이에게는 초등학교 6학년생과 4학년생인 오빠가 있었습니다. 오빠들은 명문 유도 클럽에 다니고 있었고, 그로 인해 가족들은 일요일마다 응원을 가야 했으며, 아이의 부모 역시 이 유도부에서 처음 만나 결혼에 골인했다고 했습니다. 또한 아이의 아버지는 예전에 소년 유도부 코치를 한 전력이 있습니다.

"저녁 식사 시간의 분위기에 대해 이야기해 주세요."

어머니는 담담하게 말했습니다.

"큰아들과 작은아들이 저녁 먹고 바로 유도 훈련을 가야 해서 서둘러 배만 채우고 식사를 마치지요."

나는 어머니께 이렇게 말해 주었습니다.

"아이가 오빠들처럼 되고 싶어서 항상 열심인 것 같네요."

대부분의 아이들은 주변의 분위기를 파악하는 데 천재적입니다. 그리고 이 천재성은 안타깝게도 이 여자아이와 같이 가족의 분위기를 자기 나름대로 파악하고 과민 반응을 보이기도 합니다. 본인의 용량을 초과해 버려 몸에서 위험 신호를 보내는 것이지요.

아이에게 지나치게 열성적인 부모일수록 그에 비례해 '지배'한다는 느낌을 아이에게 전해주게 됩니다. 저는 아이의 어머니에게 이렇게 조언해 주었습니다.

"아이의 마음은 부모라도, 아니 부모이기에 더더욱 모를 수 있습니다. 부모 마음을 자식이 모르고, 자식의 마음을 부모가 모르는 것이죠. 지금이라도 늦지 않았으니 아이가 정말 즐겁다고 느낄 수 있도록 가족들이 함께 공놀이라도 해 보는 게 좋을 것 같습니다."

의리가 없으면 끝이다

비행 소년이 보여준 강한 의리

비행 청소년으로 분류되던 학 학생을 상담했을 때의 일입니다.

이 소년은 자동차를 훔쳐서 무면허로 운전을 하고 몇 번인가 교통사고를 냈습니다. 상식적으로 생각하면 이 건은 상담이 아니라 법적인 절차를 거쳐야 하지만 이 소년에게는 특별한 사정이 있었습니다.

소년의 아버지는 사기를 당해 엄청난 빚더미에 시달리다가 결국 이를 견디지 못하고 자살을 했습니다. 이 일로 소년의 어머니는 몇 번이고 경찰서를 찾아가 사건을 조사해 달라고 이야기했지만 경찰의 소관이 아니라는 말을 들을 뿐이었습니다.

 아버지의 죽음 후 남은 가족의 생활은 완전히 변해 버렸습니다. 어머니는 생활비를 벌기 위해 열심히 노력했지만 조직 폭력단의 꾐에 빠져 어떤 사건에 휘말리면서 그만 사망하게 되었습니다.

 막 중학생이 된 소년은 고등학생인 누나와 함께 경찰서로 찾아가 어머니를 죽게 한 조직 폭력단을 처벌해 달라고 애원했지만 아버지 때와 마찬가지로 누구도 그들을 도와주지 않았습니다.

 소년과 고등학생 누나는 산골에 사는 할머니에게 맡겨졌습니다. 그즈음부터 소년은 엄청난 행동들을 서슴지 않고 저지르기 시작했습니다. 소년은 그 나이 또래 문제아들도 겁을 낼 정도로 무엇도 거리낄 것이 없다는 듯 행동했습니다. 밖에 나가면 반드시 자동차를 훔쳤고 그 차로 교통사고를 냈습니다. 자동차 사고로 큰 부상을 입었을 때조차 소년은 전혀 무서울 것이 없다며 오히려 경찰관들을 당혹스럽게 만들었습니다.

 결국 소년은 시설에 들어가게 되었습니다. 입소를 며칠 앞두고 아동 상담소의 임시 보호소에 소년이 머물며 그때 우리는 처음 만났습니다. 나는 소년이 도망가지 않을까 걱정했지만 무사히 며칠을 넘겼습니다. 그런데 입소 하루 전, 소년이 사라졌습니다.

　숙직실 직원이 당황해하며 내게 연락을 했습니다. 우리는 모두 한 가지 일만 걱정했습니다. 자동차 도난 사고였습니다. 언제 소식이 날아올지 걱정하며 밤을 새워 기다렸습니다.

　다음 날 아침, 소년이 다니던 학교에서 전화가 왔습니다. 소년이 등교를 했다는 것입니다. 본인에게 직접 이야기를 들어봤습니다.

　"할머니 건강이 안 좋아져서 시설에 못 가요. 어제 보호소에서 나와서 역까지 걸어가서 마지막 전철을 탔어요. 하지만 중간까지밖에 갈 수 없어서 거기서 내려서 벤치에 신문을 깔고 잤어요. 그리고 아침 첫 차로 돌아갔어요."

　이 이야기를 들은 우리는 안심했고 가슴이 뜨거워졌습니다. 소년은 이번에는 차를 훔쳐 탈 생각을 하지 않았습니다. 우리에게 돌아올 책임을 생각했을지도 모릅니다. 이런 강한 의리가 소년 자신을 지켜줄지도 모른다는 생각이 들었습니다.

심리상담사가 말하는 자신의 일
개와 걸으면 아버지가 된다

이사를 해서 좀 더 넓은 집에 살게 되었습니다. 지금까지와 달리 자유롭게 애완동물을 키울 수 있게 되어 둘째 딸이 개를 키우자고 조르기 시작했습니다. 이야기를 들어 보니 친구 집 개가 새끼를 낳았는데 그중 한 마리를 가져가라고 한 것 같았습니다.

내키지 않았습니다. 지금까지 딸아이는 금붕어와 장수풍뎅이 등을 키운 적이 있었지만 아이들이란 그때뿐이라 결국 내가 돌보지 않으면 안 되게 되었습니다.

하지만 딸이 열심히 조르는 탓에 단칼에 거절할 수도 없었습니다. 고민 끝에 흔하게 팔지도, 기르지도 않는 종류의 개라면 거절할 수 있는 핑계가 될 거라 생각했습니다. 나는 산책 중에 봤던 크고 흰 개를 떠올리며 딸에게 말했습니다.

"산책 중에 봤던 그 크고 흰 개라면 괜찮아. 다른 건 안 돼." 딸에게서 놀라운 대답이 돌아왔습니다.

"그레이트 피레네! 친구네 개가 바로 그런 개예요."

결국 딸이 원하던 대로 생후 1개월 된 커다란 곰 인형 같은 강아지를 키우게 되었습니다.

이 강아지를 맞고 난 뒤로 나에게도 변화가 생겼습니다. 점차 귀가가 빨라지게 된 것이지요. 봉제 인형 같은 강아지와 함께 나의 변화에 대해서도 가족은 관심을 갖고 보고 있었던 것 같습니다.

강아지를 키우면서 가족 관계가 좋아지는 일은 심리 요법을 전문으로 하는 우리들 사이에서도 잘 알려진 사실입니다. 개를 매개로 삼아 가족의 소중함을 확인할 수 있기 때문이라는 좀 주관적인 이론이기는 하지만, 때론 사이가 벌어진 가족에게 개를 키워볼 것을 권하기도 합니다.

우리 집 강아지의 성장은 매우 빨라서 한 달에 6킬로그램씩 늘어, 반년이 지나자 40킬로그램을 훌쩍 넘어버렸습니다. 개가 커지자 남자인 나밖에 하지 못하는 일이 늘어났습니다. 아침저녁 산책 때 잠시 딴생각을 하다가는 개에게 이리저리 끌려다닐 지경이었습니다. 또한 개가 반항적인 태도를 보일 때 그 큰 덩치에 압도당하지 않고 버릇을 가르치지 않으면 안 됩니다. 이런 대부분의 일을 나밖에 할 사람이 없고, 나밖에 할 수 없는 일은 아버지밖에 할 수 없는 일로 여겨지게 되었습니다.

"역시 아빠야!"

거대한 개를 끌고 가는 나를 보며 딸아이가 뭔지 모르게 존경의 눈길을 보내고 있다는 느낌을 받는 게 단순히 내 착각만은 아니었습니다.

작년까지 회사나 가족에게 있어 나의 존재는 아버지로서 가장의 입장이 희박해져 있었던 것 같습니다. 항상 피곤에 지쳐 있는 아버지를 봐왔기 때문일지도 모릅니다. 그리고 열심히 일하고 있는 아버지의 모습을 가족이 볼 수 있는 기회가 그리 많지 않기 때문일 것입니다.

이런 이유에서 아버지의 위엄을 다시 찾아준 우리 개에게 감사를 하면서 오늘도 거의 끌려가듯이 산책에 나서고 있습니다.

백조 되다

미운 오리 새끼도 내 자식

오늘은 일 년 전의 의뢰인에게서 온 편지를 소개합니다.

"우리 셋째가 금년에 스무 살이 되었습니다. 형제들 중에서 가장 마음이 넓은 남자로 성장했지요. 재치 없고 둔한 건 여전하지만 수습 요리사 일에 매진하는 모습을 보니 감개무량합니다.

얼마 전에는 처음으로 보너스를 탔다고 블라우스를 선물해 주었습니다. 검은 비닐봉지를 던져주기에 무엇인지 봤더니 가격표도 떼지 않은 블라우스가 들어 있더군요. 이런 점이 셋째의 장점이라는 걸 깨닫기까지 얼마나 많은 시간이 걸렸는지 생각하다가 문득 옛일이 떠올랐습니다.

그 아이는 어릴 적부터 정말 마음이 착했어요. 네 명의 형제가 달리기 시합을 할 때도 셋째는 꼭 막내의 손을 잡고 달리거나 막내가 돌아올 때까지 기다려 주었어요. 하지만 저는 그런 셋째의 모습을 보며 항상 초조했고 불만스러웠습니다.

첫째와 둘째는 욕심이 많아서 달리기 경주를 하면 전력 질주를 하고, 또 어릴 적부터 말도 잘해서 어디 내놔도 살아남을 아이들이라는 생각에 믿음직스럽고 자랑스러웠습니다.

그에 반해 셋째는 말도 늦고, 커서까지 침을 흘리고 다니기에 사회에 나가서 남들보다 뒤지게 될까 봐 점점 그 아이의 일거수일투족이 부정적으로 느껴졌습니다. 내가 자기를 어떻게 대하는지 알면서도 움츠러들지 않고 오히려 투정을 부리는 모습을 보면서 어린애 같은 행동에 더욱 거부감이 들곤 했습니다.

이제 와 돌아보면 당시에 셋째를 그렇게밖에 보지 못한 건 내 자신의 나약함 때문이었습니다. 나는 있는 그대로의 자신을 받아들이지 못하는 사람이었지요. 어린 시절부터 부모에게서 들은 말이라고는 남보다 앞서고 경쟁에서 이기라는 것뿐이었습니다. 남편 역시 누가 보기에도 빠지지 않는 엘리트였지요.

결혼해서도 편할 날이 없었어요. 일을 포기하고 싶지 않았고, 일과 가정 둘 다 사람들의 선망의 대상이 되지 않으면 안 된다며 끝없이 신경을 곤두세우고 살아왔습니다.

그런 삶을 살았기에 내 자식임에도 셋째는 무척 답답한 존재였지요. 나의 무리한 노력을 쉽게 꺾어버리는 그 아이의 온화함, 여유로움……."

이 긴 편지의 마지막을 마저 들려드리겠습니다.

"그 아이는 미운 오리 새끼일지 모르겠습니다. 하지만 무엇보다 소중하지요. 누구보다 나를 이해해주는 내게 있어 가장 가까운 존재입니다."

나는 그녀에게 답장을 했습니다.

"오리 모자에게 축배를! 미운 오리새끼가 백조가 된다는 게 사실이군요. 어머니도 아이도."

신경 쓰이는 체면

세상보다 자신을 걱정하라

의뢰인을 만나다 보면, 체면이 신경 쓰인다는 말과 자주 부딪히게 됩니다. 아이가 학교에 가지 않아서 부부가 싸움을 하고, 아이들과 말다툼이 끊이지 않아서 큰 소리가 밖으로 새어나가 이웃과 얼굴을 마주하기 힘들다는 등 체면이 신경 쓰이는 일을 이야기합니다. 사람들과 살아가는 한 피하기 힘든 일이긴 하지만 '신경 쓰이는 체면'으로 인해 필요 이상으로 마음을 쓰는 경우가 있습니다.

40대 후반의 주부가 외동딸의 등교 거부 문제로 상담을 하러 왔습니다. 딸은 중학교 때 따돌림을 당하면서 학교에 가기 힘들어했고 가벼운 신체 이상으로 고민하고 있었습니다. 친구들과 담임교사의 도움으로 고등학교에 입학했지만 2학년을 마치자 더 이상 버티지 못하고 등교 거부를 하게 되었습니다.

딸은 어머니에게 학교를 그만두겠다가 분명히 이야기했습니다. 학교생활 자체에 매력을 못 느끼고 학교에 가야 한다는 생각도 전혀 없다는 것입니다. 어머니 또한 딸을 반드시 학교에 보내야겠다고 생각는 것 같지는 않아 보였습니다. 그럼에도 그녀는 매일같이 눈물로 하루를 보내며 고통스러워하고 있었습니다.

"뭐가 제일 힘이 드나요?"

"체면이요. 친척이나 형제들에게 어떻게 이야기해야 할지……. 이웃들 눈이 신경 쓰여서 밖에 나가기 싫어요."

자녀가 등교를 거부하고 학교에 가지 않으면 가족들은 무척 곤혹스러워하는데 그 이유는 대부분 체면 때문이라고 합니다. 개중에는 이웃들 눈이 무서워 동네에서 장을 보지 않는 사람도 있습니다.

나는 이 어머니와 체면에 대해 이야기했습니다.

"이웃의 어떤 점이 신경 쓰이나요?"

어려운 질문이었는지 어머니는 제대로 답변을 하지 못했지만 그녀가 하고자 하는 이야기는 결국 자신의 가정교육이 비판을 당하는 것처럼 느껴진다는 것이었습니다.

우리는 남의 집 아이가 등교 거부를 할 때 그 어머니의 가정교육을 비판하거나 책망하고 있나요? 사람들에게 그런 여유는 없습니다. 모두 자신의 일과 가족의 일로 정신이 없어 남에 일에 신경 쓸 틈이 없습니다. "그랬구나, 그런 것 같더라." 혹은 자신의 아이에게 "너는 그렇게 되지 않게 조심해라" 정도로 끝납니다.

상담 중에 이야기를 이쪽으로 끌고 가자 어머니는 눈물을 멈추고 조금 편안해진 것 같았습니다.

우리는 모두 자신의 일로 정신이 없습니다. 남이나 세상 돌아가는 것까지 걱정할 틈이 없는 것입니다. 체면을 차릴 틈이 없는 것입니다.

심리상담사가 말하는 자신의 일
아이들은 어른의 모순을 파헤친다

전철을 타고 가는데 주말이라 그런지 가족 나들이객들이 눈에 띄었습니다. 한 자매는 퀴즈 게임을 하고, 어떤 형제는 컴퓨터 게임 공략 책을 보며 이러쿵저러쿵 하고 있었습니다. 그러던 중 두 소년의 '격론'이 시끄러워지자 아이들의 어머니가 혼을 내면서 전철 안의 이목이 쏠렸습니다.

"조용히 해. 지금 산에서 사람들이 죽어서 떠들썩한데 너희들은 태평스러워서 참 좋겠다."

초등학교 저학년으로 보이는 동생이 말대꾸를 했습니다.

"뭐! 하지만 어제 뉴스는 이상했어."

"응?"

"사람들이 죽었다더니 왜 곧바로 신나는 음악을 틀어?"

"그건 뉴스가 끝나면 틀어주는 테마 곡이야."

"그래도 정말 이상해. 절대 용서할 수 없어. 사람이 죽은 건 슬픈 일인데 좀 더 비장한 음악을 틀어야지."

어머니는 아들이 생각지도 못한 질문을 퍼붓자 난감해했습니다. 그러자 아들이 다시 한번 빽 소리를 질렀습니다.

"정말 이상하다고!"

나는 그 가족이 앉은 의자 앞 손잡이를 잡고 있었는데 아이가 '비장'이라는 어려운 말을 쓰는 데 놀라면서도, 아이의 '이상해'라는 말에 고개를 끄덕이며 수긍하고 있었습니다.

분명 방금 전까지 슬픔에 잠겨 눈물을 머금고 이야기하던 앵커가 다음 뉴스를 읽어 내려간 다음 곧장 하하 웃는 광고로 이어지는 장면을 흔히 볼 수 있습니다.

어른들이 정신없이 일하고 있는 동안 아이들은 여러 가지 것들을 천천히 온몸으로 받아들이고 있다는 것을 다시 한번 느낄 수 있었습니다.

천수를 누리고 돌아가신 분의 장례식이 차분하게 이루어지는 경우도 있을 것이고, 비장한 일이 있더라도 '그럼에도 불구하고' 살아가야 하는 일도 있을 것입니다. 그렇지만 슬픔은 슬픔으로 좀 더 천천히 느낄 수 있는 '시간'이 필요하지 않을까 생각합니다.

서투른 애정보다 현금

등교 거부에는 '용돈 충전법'

'용돈 충전법'이란 등교거부 상태를 차 배터리에 비유한 것으로 가족들이 에너지 충전에 적극적으로 나서는 것을 말합니다.

자녀의 등교 거부를 둘러싸고 부모 자식 간에 불화가 자주 일어납니다. 이 불화를 개선하고 가족에게 의욕과 희망을 줄 수 있는 방법이 용돈 충전법입니다. 나는 자녀 문제로 상담을 하러 오는 부모들에게 다음과 같이 말하고 있습니다.

"아이들은 외부와의 접촉을 피함으로써 조금이나마 에너지 소모를 줄이고 충전을 하려고 합니다. 하지만 믿었던 부모마저 이해해 주지 않고 어느 순간 가해자가 되어 문제를 복잡하게 만드는 경우가 있습니다. 아이를 단순히 지켜주는 것이 아니라 충분히 충전된 상태로 되돌리려면 적극적으로 나서야 합니다. 아이가 일상생활에서 방전이 되는 요소인 갈등을 줄이고 편안한 마음을 갖도록 격려와 즐거움을 전해야 합니다. 어머니는 아이가 뒹굴뒹굴하더라도 웃는 얼굴로 돌봐주고, 아버지는 아이가 깜짝 놀랄 만큼 많은 용돈을 주십시오. 만약 당장 아이에게 몇백만 원이 들어간다 해도 아이가 인생의 제자리를 찾을 수만 있다면 아까울 게 없습니다. 하지만 용돈을 등교시키는 수단으로는 절대 사용하지 마십시오."

여러 사례를 봤을 때, 등교 거부를 하는 아이들은 용돈을 많이 받아보지 못했거나 친구들과 어울리며 돈을 낭비해본 경험이 적은 경우가 많습니다. 그런 아이들은 사람과 사귀는 데도 서툰 편입니다. 또한 학교에 가지 않음으로써 용돈이 더욱 줄어들어 집 안에 숨어버리게 되는 것입니다. 아이에게 많은 돈을 주고 여기저기 돌아다니며 사회화를 촉진시켜 친구들과 즐겁게 지내도록 하는 것입니다.

특히 고등학생은 자립심이 높아져 있기에 부모 마음대로 자녀를 조정하기는 힘듭니다. 복잡한 마음의 교류와 임기응변에 빠져 끝없이 인생을 낭비하는 경우가 많습니다. 그보다는 아이에게 자유로운 활동과 사회적 경험을 넓힐 기회를 위해 조건이 없는 자금을 제공하는 편이 현실적이고 효과적이며 아이의 발달 정도에 걸맞다고 생각합니다.

아이들에게도 인생에서 고통의 시기가 있습니다. 이때 부모로부터의 금전적 격려는 아이에게 있어 하늘에서 굵은 동아줄과도 같습니다. 그리고 큰 금액과 자유롭게 쓸 수 있다는 점에서 모든 불신감과 왜곡된 시선이 사라지게 됩니다.

아이가 기뻐하는 모습을 보면 부모 자신도 걱정과 정신적 고통에서 해방되며 아이가 애정을 받아들이고 있다는 느낌을 받을 수 있게 됩니다. 그렇게 되면 부모 자식 간에 자립을 향한 여로에 있는 사춘기를 보내는 방법을 발견할 수 있을지도 모릅니다. 현금의 효과를 무시해서는 안 됩니다.

아주 간단한 육아론

평생 자식을 돌봐줄 수 있는가?

등교를 거부하는 중학생들을 위한 모임의 고문을 맡고 있어 가끔 학부모들로부터 강연 의뢰를 받습니다. 하지만 나는 중학생 아이들을 다루는 일이 정말 힘이 들고 솔직히 전문 분야도 아니기에 내가 가장 경험했던 것을 중심으로 강연을 펼칩니다. 나는 대학생 정도의 젊은이들에 대해서는 질릴 정도로 봐왔기 때문에 그들의 이야기를 풀어나갑니다. 지금은 중학생이지만 곧 대학생이 될 것이기에 참고하라는 당부를 덧붙입니다.

대개 학부모들은 아이가 대학생 정도의 나이가 되면 어른이 되어 있을 거라고 생각합니다. 어른이 되면 지금 겪고 있는 어려움 또한 사라질 거라고 믿는데 이는 매우 어리석은 착각입니다.

성인이 되어서도 부모에게 의지하는 이들을 숱하게 보아 왔습니다. 한 학생은 부모가 입을 벌리는 시늉을 하며 "아." 하고 말해주지 않으면 약을 먹지 않았습니다. 또 아들을 차버린 여자를 찾아가고, 자식의 리포트를 도와주거나 대신 써주고, 고급 차를 사주거나 과도한 용돈을 주어 자식을 바보로 만들고, 딸과 함께 목욕하는 아버지 등 여러 모습을 보았는데 그 자식들 또한 그걸 당연하다고 여기고 있었습니다. 분명 그들 나름대로 사정이 있을 것입니다. 하지만 이유가 무엇이든 그 부모들은 자식이 스스로의 힘으로 헤쳐 나가는 것을 방해하고 있다고 생각할 수밖에 없었습니다.

나는 학부모 강연에서 자주 이런 말을 합니다.

"어머님들, 자식들이 스무 살 아니 서른 살이 되어도 그렇게 하실 겁니까?"

그럼 어머니들은 일제히 고개를 좌우로 흔듭니다.

"그래요? 아쉽네요. 저는 어머님들이 자식들을 죽을 때까지 돌봐주고 싶어 한다면 그것도 괜찮다고 생각합니다. 가족의 모습은 집집마다 다르니까요. 하지민 여기 모인 어머님들은 그러고 싶지 않은 것 같네요. 그렇다면 이야기는 간단합니다. 부모가 곁에 없어도 살아갈 수 있는 사람으로 자식을 키워야 합니다. 그것이 자녀 교육의 목표입니다. 그러기 위해 무엇이 필요한지를 생각해 보십시오."

  어렵게 생각하면 어렵지만 간단하게 생각해보면 결국 원점으로 돌아가는 것입니다.

반항하는 아이는 잘 큰다

말썽 부리지 않는 아이는 곤란하다

보건소에서 3세 아이의 검진 날, 육아 상담을 담당하고 있었습니다. 검진을 마친 젊은 어머니들이 이런저런 걱정거리를 안고 상담을 하러 왔습니다. 그중에는 전문기관을 통해 본격적으로 치료가 필요한 경우도 있지만 대부분 가벼운 조언만으로도 해결 가능한 것들이었습니다.

핵가족 시대인데다 사람과 사람 사이의 커뮤니티 부족 등으로 누구에게도 상담하지 못하고 홀로 불안함 속에 아이를 키우는 젊은 어머니들을 많이 만나볼 수 있었습니다.

육아 상담은 '수면 중 소변'과 '손가락 빨기' 등으로 '말을 안 들어서 걱정이다, 반항적이다' 같은 내용이 상당히 많앉습니다. 이 경우 3세 전후에 나타나는 1차 반항기에 대해 설명해주고 성장에 꼭 필요한 현상이라고 이야기하면 어머니들은 안심하곤 했습니다.

심리상담사의 입장에서 보면, 더욱 걱정스러운 건 반항하는 아니가 아니라 말썽 부리지 않는 '착한 아이'입니다. 하지만 이런 아이들의 부모는 자기 아이가 얼마나 착한지 자랑할 뿐 절대 상담을 하러 오지 않습니다.

사춘기 자녀 문제로 상담하러 오는 어머니들에게 아이의 어린 시절을 물으면 오히려 반항이 심하지 않았거나 전혀 없었다는 이야기를 듣게 됩니다. 3세경은 1차 반항이 나타나는 시기로 이때의 반항은 자아발달에 매우 중요합니다. 말을 전혀 듣지 않고 제멋대로 굴기에 '나쁜 아이'로 비춰지기 십상이지만 아이들은 이런 행동을 통해 주체성을 찾아갑니다.

몇 해 전만 해도 교사의 관심은 비행 청소년 지도에 맞춰져 있었지만 최근에는 주체성 없는 아이들의 지도에 대한 것으로 관심이 옮겨가고 있습니다. 심리상담을 배우는 교사가 늘고 있다는 것을 보더라도 잘 알 수 있습니다.

가정에서나 학교에서나 너무 '착한 아이'는 생각해볼 필요가 있습니다. 사회사 수용할 수 있는 범위 내에서 확실하게 자기주장을 펼칠 수 있는 반항하는 아이가 잘 크고 있는 것이 아닌가 하는 생각이 듭니다.

지금 아이의 마음속에서는

등교 거부 아동의 2년간

내가 어릴 적에는 주변에서 흔히 여러 동물을 볼 수 있었습니다. 개나 고양이가 주변을 서성거렸고, 강이나 연못에서 물고기 낚시를 했습니다. 저녁이 되면 수많은 박쥐가 곤충이나 모기를 쫓아 날아다니는 모습을 볼 수 있었습니다. 맑은 날 저녁에는 하늘 저편으로 노을이 아름답게 번져 갔습니다. 샤갈의 그림과도 같던 그 세상은 어디로 사라져 버렸는지 안타까울 뿐입니다.

어머니가 아이의 손을 잡고 진료실에 들어섰습니다. 아이는 이제 막 초등학교에 입학했는데 등교를 거부하고 있었습니다. 그로부터 2년간 아이는 학교를 다니지 않았고 일주일에 한 번씩 심리상담을 하게 되었습니다.

그 2년간 아이의 성장은 거북이처럼 느렸지만 그림놀이나 모래놀이 등을 할 때면 무척 즐거워했습니다. 모래놀이는 동물, 곤충, 나무, 꽃 모양 장난감이나 인형 등을 모래상자에서 가지고 놀며 아이 스스로 이야기를 창조하는 놀이치료법의 일종입니다.

아이는 모래상자 안에서 장난감을 이용해 생각하고 있는 것이나 경험 등을 이야기하고 자신의 세계를 보여줍니다. 이는 아이의 내적 세계를 치유하고, 창조하고 구축해 나가는 장소로서 많은 도움이 됩니다.

3학년이 되어 다시 학교에 나가게 되었습니다. 아이가 학교에 나가게 된 계기가 재미있습니다. 어느 날 학교 교정 구석에서 토끼장을 발견하고 그곳에 발을 들이게 되었고, 그 뒤로 양호실, 또 그 뒤로 교실 등 점차 발을 넓혀 갔습니다. 아이는 토끼들에게 먹이를 주는 역할을 맡게 되면서 점차 학교에 적응할 수 있었습니다. 집에서는 강아지를 키우게 되면서 아이는 매일같이 강아지와 산책도 다니기 시작했습니다.

아이의 마음속에서 벌어지고 있는 상황은 발견하기 어렵습니다. 하지만 분명 모래상자라는 자신의 세계에서 모래놀이를 통해 만났던 동식물 장난감과 학교의 토끼와 집의 강아지가 아이의 마음을 치유했을 것입니다.

살아 있는 생물을 돌보는 건 힘들다

아이는 스스로 결론을 내린다

지능검사 질문 중에 이런 것이 있습니다.

"《나는 고양이로소이다》는 누구의 작품일까요?"

한 비행 청소년 남자아이와 심리상담을 하던 중에 이 질문을 던져 보았습니다. 소년은 오랫동안 생각에 잠겼습니다. 이것은 지식 문제입니다. 생각한다고 답할 수 있는 것이 아닙니다. 그저 아는지 모르는지 물었을 뿐입니다. 소년이 무슨 쓸데없는 생각을 하는지 의아해하며 답을 기다렸습니다.

"하타케 마사노리 아니에요?"

깜짝 놀랐습니다. 왠지 정말 그럴 것 같은 기분에 '정답'이라고 말하고 싶을 정도였습니다. 소년이 쓸데없는 생각을 하고 여겼던 내가 한심하게 느껴졌습니다.

하타케 마사노리(畑 正憲)는 무츠고로라 불리는 생물학자로 도쿄에 무츠고로 동물원을 운영하는 사람입니다. 무츠고로 동물원에 이런 일이 있었습니다.

등교 거부를 하는 학생들 중에는 동물을 좋아해 장래에 동물의 사육과 조련에 관한 일을 하고 싶어 하는 아이들이 많이 있습니다.

나의 의뢰인인 중학교 3학년생 여학생도 동물을 무척 좋아했습니다. 이 학생은 따돌림을 당해 학교에 나가지 않았지만 상담은 성실히 응했습니다. 어느 날 진로 이야기를 나누는데 학생이 무츠고로 동물왕국에서 일하고 싶다고 말했습니다.

"어릴 적에 텔레비전에서 봤어요. 그때부터 그곳에서 일하는 게 제 꿈이었어요. 하지만 무츠고로 동물왕국은 희망자가 너무 많아서 들어가기 힘들다 그러더라고요."

학생은 무츠고로 동물왕국이 아니더라도 살아 있는 생물을 돌보면서 생활할 수 있다면 그런 일을 하고 싶다고 했습니다. 마침 여름 방학 직전이었습니다. 좋은 기회라 체험 학습 삼아 어딘가 목장에서 방학 동안 일을 해 보면 어떨지 제안했습니다.

"꼭 가고 싶어요. 기왕이면 홋카이도가 좋아요."

나는 여러 사람에게 부탁해 보고 지인에게 한 목장을 소개받아 이 학생에 대해 자세한 이야기를 적어 의뢰를 부탁하는 편지를 보냈습니다. 기꺼이 받아주겠다고 해서 여름 시즌에는 구하기 힘든 홋카이도행 페리 티켓을 겨우 구했습니다. 그런데 출발을 며칠 앞두고 학생이 나를 찾아왔습니다.

"못 가겠어요. 수험 준비를 해야 해서……."

이 학생에게 체험학습을 시켜주기 위해 그간 내가 준비하는 데 얼마나 고생을 하고, 얼마나 많은 사람들에게 부탁을 했는지 생각하니 화가 나고 힘들게 만든 기회가 아쉽게 느껴졌습니다.

2학기가 시작되자 학생은 학교에 가기 시작했습니다. 그리고 이듬해 봄에 집을 나와 아르바이트를 하면서 정규 고등학교를 열심히 다니고 있다는 이야기를 들었습니다. 예상 밖의 전개였습니다.

대체 어떤 것이 그 학생에게 도움이 되었는지는 지금도 알 수 없습니다. 단지 그 아이의 미래는 내가 예상했던 것 이상의 가능성을 품고 있는 것 같습니다. 나로서는 가능한 일에 최선을 다했던 게 발전된 미래를 만들었다고 생각하고 있을 뿐입니다.

도깨비 퇴치에 나서지 않은 모모타로오

소중한 자식에게는 역시 여행을

"저는 아직도 부모님의 기대를 받고 있어요. 언젠가 부모님을 버리지 않으면 저는 자립할 수 없어요."

이런 장면은 대학 상담실에서는 흔한 것이지만, 순간 불현듯이 '모모타로오'의 이야기가 떠올랐습니다.

모모타로오는 일본 민화 속 주인공으로, 아이 없는 노부부가 우연히 발견한 복숭아에서 태어난 남자아이를 자식으로 키우게 되고 그 아이가 성장해 도깨비를 퇴치하러 모험을 떠나는 이야기입니다.

그런데 만약 모모타로오가 도깨비를 퇴치하러 가지 않았다면 어떤 일이 일어났을까요?

모모타로오에게 반드시 도깨비를 퇴치하러 가야 하는 이유는 없었습니다. 그렇다면 그 같은 행동을 한 이유는 내면에서 생겨난 필연성에 의한 것이라고 생각할 수 있습니다.

모모타로오는 홍조 띤 얼굴의 미소년이었습니다. 그 얼굴에는 아직 젖내가 남아 있을 정도입니다. 모모타로오가 벗어나고 싶었던 것은 바로 이 내면의 젖내였을지도 모릅니다.

도깨비 퇴치를 위해 집을 나서는 모모타로오에게 아버지는 수수팥떡과 '일본 제일의 모모타로오'가 적힌 깃발을 들려 보냅니다. 만약 이때 아버지가 모모타로오가 집을 나서지 못하게 말렸다면 어떻게 되었을까요? 그대로 모모타로오는 성장이 멈추지 않았을까요? 배가 나오고 지저분한 수염을 기른 중년의 모모타로오가 수수팥떡을 먹고 있는 안타까운 모습은 아닐까요? 소년이었을 때는 귀엽게 보이던 젖내도, 믿음직스런 머리띠도 중년에 그대로라면 꼴불견일 뿐입니다.

학생들과 상담을 하다 보면 지저분한 수염을 기르고 떡을 먹고 있는 '중년의 모모타로오'가 농담으로 끝나지 않는 경우가 더러 있습니다. 오늘날 아이들은 사회에 나가기 위해 긴 준비 기간을 필요로 하고, 부모는 성인이 된 자녀를 계속해서 돌보려고 합니다. 오랫동안 함께 하면 이별도 어려워집니다. 때로는 자식과의 헤어짐이 싫어서 도깨비 퇴치에 나서

려는 아이의 앞길을 막아서는 부모도 있습니다.

매사 부모로부터 안전하고 확실한 길을 보장받아온 사람은 실패하는 법을 배우지 못하기에 불필요한 손해를 받아들일 수 없게 됩니다. '꼴불견인 모모타로오'가 되는 것이지요. '꼴불견인 모모타로오'에게는 친구가 없습니다. 남에게 베풀 줄 모르기에 관계가 지속되지 않기 때문입니다.

또한 실패를 두려워하기에 좁은 세상에 갇혀 대학에 들어가서도 무엇을 해야 좋을지 모르게 됩니다. 받기만 하는 인생이 지속되면 자신 내면의 목소리가 들리지 않게 되어 '방황하는 모모타로오'가 되는 것입니다.

도깨비 퇴치는 자기 내면에서 끓어오르는 필연성에 의해 결행해야 하는 것이겠지요. 본인이 준비되어 있을 때 주변의 방해가 없다면 즐겁게 모험을 떠날 수 있습니다. 그때 부모의 역할은 자식에게 약간의 식량과 깃발을 쥐어주는 것입니다.

청년은 이제 고민하지 않는다

천성이 밝은 시대의 청년들

예나 지금이나 소설에서는 청춘을 고민이 많은 시기로 묘사하고 있습니다. 발달심리학, 청년심리학 등의 교재에도 청년기는 '질풍노도의 시기', '정체성의 위기'로 나와 있습니다.

오늘날 청년기는 정말 고민이 많은 시기일까요? 주변을 살펴보면 아르바이트로 돈을 벌어 어른들보다 자유롭게 놀러다니고, 해외여행을 하는 청년들을 흔히 볼 수 있습니다. 성에 관한 억압도 이전에 비할 수조차 없을 정도로 완화되어 남녀 간의 교제도 자유롭습니다.

청년기의 불안정성은 '어린이는 아니지만 어른도 아닌' 어정쩡한 경계에 있다는 데서 유래하고 있습니다. 하지만 현대사회에서 세상의 온갖 정보는 위대한 소비자인 청년들을 향하고, 그들 또한 그것들을 훌륭하게 즐기고 있습니다. 이전에는 어른이 되는 중에 있던 청년기가 요즈음에는 그야말로 '인생의 봄'이 되었습니다. 역으로 과거에는 청년을 억압하고 청년이 뛰어넘어야 할 벽이었던 어른들이 정보기기를 활용하지 못해 신입사원의 도움을 받거나, 젊은 여직원의 해외여행 이야기에 한숨을 내쉬기도 합니다.

청년들이 고민하는 내용도 크게 바뀌고 있습니다. 그들은 옛날 청년들처럼 고민해주지 않습니다. 고민하는 대신 무기력, 은둔, 괴롭힘, 도피, 거식, 자해와 같은 문제를 일으켜 주변 사람을 고민에 빠지게 합니다.

무기력 증후군을 들어 보셨나요? 성적이 좋고 어디서든 적응을 잘하던 한 청년이 갑자기 무기력해집니다. 그는 고민조차 하지 못하기에 문제에 부닥칠 때마다 끊임없이 도피를 하게 되고 결국 모든 생활을 접고 집 안에 자신을 가두게 됩니다. 무기력 증후군 학생들을 보면 그저 주어진 대로 적응하는 생활만 했을 뿐 사춘기에 고민하는 연습을 하지 않아 문제가 생긴 것이 아닌가 하는 생각이 듭니다.

어른의 그림자에 가려 압박당하던 과거 청년들은 그 그림자의 어둠 숨어서 여러 가지 나쁜 짓도 하고 다소 실패를 하더라도 그것이 표면으로 들어나는 일이 거의 없었습니다. 청년들은 그 어둠 속에서 시행착오를 겪으며 고민을 학습할 수 있었습니다. 반면 오늘날 청년들은 빛이 내리쬐는 한가운데에서 무척 밝게 빛나고 있습니다. 그 결과 청년들은 천성적으로 밝음을 지향하게 되어 시행착오는 실패자로 만들고, 고민하는 것은 바보나 어두운 성격으로 치부되어 배제당하고 있습니다.

이제 청년기는 고민하는 시기가 아니라 청년이 고민하지 않게 된 시기라고 할 수 있습니다. 자발적으로 고민거리를 안고 상담실을 찾은 학생 의뢰인을 대하면 안도의 한숨이 저절로 나옵니다.

솔개는 매를 키울 수 없다
아이에게서 벗어나지 못하는 부모들에게

문제를 일으켜 상담을 받으러 오는 아이들이나 대학생들 중에는 아주 개성이 넘치고 때론 엄청난 재능이 엿보이며 무척 재미있는 이들이 있습니다. 이들이 문제가 있다고 여겨지는 것은 어쩌면 제도적으로 억압적인 학교라는 장소를 견디지 못하기 때문이 아닌가 합니다. 이들의 강한 개성을 평범한 교사나 다른 학생들은 알지 못하거나 혹은 너무 동떨어진 탓에 불쾌하게 여기는 것일 수도 있습니다.

대학까지 아무 탈 없이 순조롭게 성장했다는 건 그야말로 평범한 사람임을 증명하는 것이 아닌가 싶습니다. 조금 독특하거나 재미있는 아이들은 문제아로 다루어지는 경우가 많은 것이 최근의 실태입니다.

　남보다 조금 유별나기는 했지만 별문제 없이 대학에는 진학했다가 금방 흥미를 잃는 친구들도 있습니다. 대학 강의나 동기들에게 실망을 하고 학교를 점점 멀리하게 되면서 몇 년간 유년을 반복하게 됩니다. 무기력 상태로 빠져들게 되는 것입니다. 이런 문제에 부닥치면 갑작스런 자녀의 태도에 부모는 무척 힘들어집니다. 부모는 어떻게든 자신들이 생각하는 올바른 방향으로 자녀를 원래대로 되돌리기 위해 열심이지만 그럼에도 달라지는 게 없으면 점점 부정적인 눈으로 바라보게 됩니다.

　"어째서 다른 아이들처럼 학교생활을 하지 못하는 거지? 게을러터져서 노력을 하지 않아."

　자식 입장에서는 부모의 눈초리가 상당히 괴로울 수밖에 없습니다. 이런 친구들을 만나 보면 남들처럼 평범하게 생활하기에는 꽤 독특한 경우가 많습니다.

　독특한 개성을 가진 자식을 둔 부모가 심리상담을 하러 왔습니다. 부모의 바람은 단 한 가지였습니다. 그저 자식이 평범하게 살길 바라는 것이었습니다. 나는 그들이 자식을 긍정적으로 받아들이길 바라는 마음으로 다음과 같이 말했습니다.

　"우리는 그저 평범한 솔개에 지나지 않습니다. 하지만 아드님의 재능은 정말 대단합니다. 솔개가 매를 낳는다는 게 이런 거겠죠. 이미 다 자란 매를 솔개가 키울 수는 없습니다. 매에게는 매의 삶이 있습니다. 우리 같은 솔개는 그저 낮은 곳에서 매를 바라봐 주는 것이 최선이 아닐까요."

화풀이와 금빛 반짝임

따돌림 당하는 아이의 빛나는 지혜

업무상 학교나 유치원, 어린이집 교사와 자주 마주하게 되는데 그들로부터 여러 아이들의 이야기를 전해 듣습니다. 그 이야기들은 사람의 마음 변화에 대해 생각하는 데 많은 힌트를 줍니다. 그중 무척 감동 받았던 이야기를 들려 드리겠습니다.

미숙아로 태어나 허약 체질인 아이가 있었습니다. 아이는 초등학교 1학년 때부터 따돌림을 당해 매일같이 엉엉 울면서 집에 돌아와 주변의 물건을 잡히는 대로 집어던지며 소동을 일으켰습니다.

초등학교 3학년이 되어서도 크게 달라지지 않자 아이의

담임선생님과 부모는 어쩌면 좋을지 몰라 곤혹스러워했습니다. 그러던 어느 날, 아이가 교무실로 달려 들어왔습니다. 다른 날과 달리 아이는 엉엉 울고 있지 않았습니다.

"선생님, 금색 색종이 없어요?"

"어디에다 쓰려고?"

"묻지 말고 그냥 주세요."

담임선생님이 서랍에서 색종이를 꺼내자 아이는 그것을 받아들고 두 손으로 꾸깃꾸깃 구겨서 동그랗게 뭉쳤습니다. 그리고 뭉친 종이를 다시 쫙 펴고는 평온한 얼굴을 했습니다.

"아, 후련하다! 반짝반짝 빛나요."

아이가 담임선생님에게 구겨진 색종이를 내밀었습니다. 정말 금색 색종이가 빛을 받아 반짝반짝 빛나고 있었습니다.

"응, 정말 그렇구나! 그런데 무슨 일이니?"

"반 아이가 저를 괴롭혔어요. 너무 화가 나서……. 하지만 이렇게 하고 나면 화가 풀려요."

담임선생님은 아이의 말에 깜짝 놀랐습니다. 그동안 괴롭힘을 당할 때마다 그저 울기만 하던 아이가 금색 색종이를 뭉쳤다 펼쳐 반짝거리는 빛을 보며 자신의 화난 마음을 스스로 다독인다는 데 감격했습니다.

"우아, 정말 대단하구나."

"그냥 생각이 떠올랐어요."

사실 아이가 변화한 데는 담임선생님의 노력이 있었습니다. 아이가 화가 나서 흙탕물을 걷어차고 있으면 선생님은 물방울이 튀는 모습과 철퍽철퍽 소리에 귀를 기울여 보라고 말해 주었습니다. 또 아이가 그림물감을 여기저기 짜며 소란을 피우면 선생님은 도화지를 가져다주고 데칼코마니로 여러 재미있는 모양을 만들어 보여주며 경험하게 했습니다. 그러면 아이는 어느 새 화난 것을 잊고 놀이에 흥미를 보이며 즐거워했습니다.

우리 어른들도 참을 수 없을 만큼 화가 났을 때 그저 단순한 화풀이가 아닌 '금빛 반짝임'으로 바꿀 수 있다면 좋을 것입니다.

아이가 될 수 있다면 어른이 될 수 있다

당신 마음속에 살고 있는 아이에게

"나는 아직 어른이 되지 않았다."
"저 사람은 어른이라고 할 수 없어."
"요즘 애들은 애 같지가 않아."

우리가 자주 하는 말들입니다. 어른은 어른답지 않고 아이는 아이답지 않은 기묘한 일이 일어나는 있습니다.

어린아이답지 않다는 것은 달리 말하면 어린아이가 되지 못한 것과 같습니다. 아이가 되어 살아가는 것은 어쩌면 아이를 지켜줄 어른이 있을 때 가능한 일입니다.

어린 시절 아이답지 않다는 말을 들었던 사람이 커서 어른이 되고 부모가 되어 자신의 아이가 아이답지 않다는 말을 듣는다면 어떨까요? '아이가 되지 못했던' 부모가 자신의 자녀가 태어나고 커가는 과정을 자연스럽고 적절하게 함께 하는 것은 상당한 노력이 필요한 일이 아닐까요?

어린 시절은 일생 단 한 번밖에 경험할 수 없지만 어린아이를 경험하는 것은 몇 살이 되었든 가능합니다. 우리의 내면에는 아이로서의 모습이 남아 있기 때문입니다. 어린아이를 경험한다는 것은 아이처럼 행동하는 것이 아니라 정신적으로 자신 안에 아이와 같은 순수함을 가득 채우는 일을 말합니다. 자신이 어른이라는 것을 잊어버리지 않고 아이의 마음을 하며, 그런 자신의 모습을 지켜보는 것이 중요합니다.

어느 날 아내가 아이를 데리고 집을 나간 뒤 한마디 상의도 없이 남편에게 이혼을 요구했습니다. 남편은 그런 아내의 행동을 전혀 이해할 수 없었습니다. 결혼 생활 동안 아내는 내조를 잘했고 자주 어리광을 받아주었습니다. 하지만 아내는 남편이 어른답게 자신과 아이를 지켜주는 믿음직스러운 사람이기를 바랐습니다.

이 부부의 문제는 '어린아이가 되지 못한' 어른끼리 결혼한 것 같습니다. 부부가 마음을 이해하고 서로의 어리광을 받아줬다면 결과는 달라졌을지도 모릅니다. 한편으로 상대의 아이 같은 모습을 어른으로서 바라보는 자신 또한 더욱 믿음직스러워지지 않았을까요?

제4장

타인과 살아가기

햄릿의 불면증

독을 먹어야 할까, 먹지 말아야 할까

불면증의 원인은 다양합니다. 치료는 수면제 처방으로부터 시작합니다. 수면제로 해결되는 경우가 있는 반면 약으로 인해 더 심한 불면증에 시달리는 사람도 적지 않습니다.

50대 여성 의뢰인의 예를 들어보겠습니다. 그녀는 건강 체질이었으나 자녀의 결혼 문제와 남편의 갑작스런 죽음으로 인해 스트레스가 한꺼번에 찾아와 자율신경실조증에 시달리며 불면증을 겪게 되었습니다. 그 이후로 그녀는 잠을 이루지 못하는 밤이 지속되었습니다.

처음 수면제 처방을 받았을 때는 약효가 있어 이전의 초췌한 모습이 사라지고 건강해진 듯 보였습니다. 하지만 어느 날 밤부터 그녀는 생각이 잠기게 되었습니다.

"내가 잘 수 있는 건 수면제를 먹었기 때문이야. 불면증 증세가 고쳐진 게 아니야."

틀림없이 이 생각은 이치에 맞고, 불면증으로 수면제를 복용하는 이들은 한 번쯤 품었을 의문입니다. 하지만 실은 이런 생각으로부터 새로운 불면증의 고통이 시작됩니다.

이즈음 친구로부터 수면제의 부작용에 대해 전해 듣게 되자 그녀는 매일 밤 수면제를 보며 먹을지 아니면 먹지 않을지 고민했습니다. 계속 약을 먹기는 했지만 어쩐 일인지 이전처럼 약효가 나타나지 않았고, 이렇게 되자 주치의와의 관계가 악화되어 그녀와 상대하기 싫어진 주치의는 '불면증 노이로제 의심'이라며 내게 심리상담을 의뢰해 왔습니다.

여기서 가장 큰 문제는 약효가 떨어진 이유입니다. 대답은 간단합니다. "사느냐, 죽느냐. 그것이 문제로다"라고 했던 햄릿의 심경으로 그녀는 자신도 모르는 새 신경적 긴장감이 높아졌던 것입니다. 이는 수면 상태로 진행될 때 생리적 조건이 되는 자율신경 흥분의 저하를 방해하게 됩니다. 그렇게 되면 수면제의 효과도 떨어져 버리는 것이 당연합니다.

나는 수면제에 대해 설명해 그녀를 안심시키고 나시 약을 복용하도록 했습니다. 그것으로 그녀의 문제는 간단히 해결되었습니다.

심리상담사가 말하는 자신의 일
심리상담사는 시험을 치른다

　심리상담사 역시 마찬가지 인간이기에 완벽할 수 없습니다. 좋고 싫음이 있으며 화가 나거나 남을 미워하는 마음도 있습니다. 심리상담사는 그런 감정을 감추거나 억누르지 않습니다. 물론 상대에게 드러내지도 않습니다. 자신의 마음을 있는 그대로 직시하는 것입니다. 그러면서도 상대의 이야기에 귀를 기울이는 자세를 변함없이 유지합니다.
　단지 겉모습뿐이라 하더라도 매사 평상심으로 살아가는 것은 이상에 불과합니다. 심리상담사 역시 자신의 감정을 겉으로 드러내지 않고 속으로 억누르는 것은 불가능합니다. 그렇기에 나의 몸과 마음을 자연스러운 상태로 유지하기 위해 지금 나의 상태가 중심에서 얼마나 벗어나 있는지, 그 일탈은 어떤 이유에서 생겨난 것인지 알려고 노력합니다.

한 의뢰인은 자신과 그 가족이 겪은 것과 같은 고통을 내가 느껴보지 못했다는 사실에 분개했습니다. 그는 자신의 고통이 어떠한 것인지 알게끔 나를 골탕 먹이는 일에 열중했습니다. 그는 여러 방법으로 나를 시험했지만 나는 동요하지 않기 위해 침착성을 잃지 않았습니다. 그러자 그는 내가 자신의 이야기를 고민해주지 않고 걱정해주지 않는다고 느꼈습니다. 그에게 있어 상대가 자신을 위해 고민해주고 걱정해준다는 것은 곧 관심을 주고 애정을 주는 것이었기에 그는 걱정을 시키지 않고서는 상대에게 관심을 끌 수 없다고 생각했습니다. 그가 나를 곤란하게 하고 내가 걱정하고 고민하길 바란 것은 애정을 구하는 행위였습니다. 이는 그가 학창 시절 당한 따돌림, 조폭 같은 아버지와 말대답조차 하지 못하게 했던 어머니와의 관계에서 체험한 것이었습니다.

그는 끊임없이 나를 동요하게 함으로써 자신의 영향력, 즉 자신의 존재 가치를 부여하고 싶어 했습니다. 여기서 주목할 점은 그가 나의 '인간성'을 믿었다는 것입니다. 믿고 있기에 그런 관계를 재연할 수 있었을 것입니다. '인간성'이야말로 그가 마음속 깊이 추구해 왔지만 결국 믿지 못하고 지내왔던 것입니다.

몸과 마음은 아주 친하다

몸과 마음은 합쳐져서 인간이 된다

인간의 몸은 자율신경에 의해 조절되지만 스트레스가 가해지면 긴장으로 굳어져 자율신경의 밸런스가 무너집니다. 공포나 불안으로 얼굴이 파랗게 질리고, 손발이 차가워지며, 심장이 쿵쾅거리는 것을 누구나 경험했을 것입니다. 이 긴장 상태가 일회성이라면 곧 밸런스를 되찾지만 스트레스로 인해 불안과 긴장이 지속된다면 자율신경실조증이 나타나게 됩니다.

마음과 몸은 밀접한 관계가 있습니다. 무서운 영화를 보면 자신도 모르게 몸에 힘이 들어가 얼굴이 새파래지고 심장이 뛰는 것을 느낄 수 있습니다. 무서워하는 마음의 움직임이 몸을 긴장시키는 것입니다. 드라마 주인공이 위험한 장면에서 벗어나 한숨을 돌리게 되면 긴장도 풀려 편안해집니다.

마음과 몸이 이어져 있다는 말이 있습니다. 물의 화학기호는 H2O입니다. 수소(H)와 산소(O)가 결합하지 않으면 물이 될 수 없습니다. 사람도 마찬가지로 몸과 마음이 결합해야 합니다.

미국의 의사 제이콥슨은 대뇌생리학적 입장에서 근육을 편안하게 해주면 대뇌의 흥분을 억제시켜 마음의 안정을 얻을 수 있기 때문에 스트레스가 줄어든다고 이야기했습니다.

긴장을 푸는 방법은 자가훈련법, 점진적 근육이완법, 요가, 명상, 태극권 등 여러 가지가 있지만 간단하면서도 누구나 쉽게 할 있는 것은 복식호흡입니다. 복식호흡을 하면서 자신의 몸 곳곳에 주의를 기울입니다. 어딘가 힘이 들어가 있는지 긴장하고 있는지 어색한 부위가 있는지 점검합니다. 그러한 부위가 있다면 그곳에 주의를 기울이며 숨을 들이마시고 다시 내쉬며 주변 근육의 힘을 빼도록 합니다.

복식호흡은 자신의 몸을 깨닫는 훈련이기도 합니다. 마음을 편안하게 하려면 먼저 몸의 힘을 빼는 것이 중요합니다.

훌륭한 고민 방법

천천히 가자

고민이 생기면 거기에서 벗어나기 위해 집착하기에 어떻게 해야 할지 방법을 찾지 못하게 됩니다. 여러 가지 방법으로 기분 전환을 해서 잊으려고 노력하거나 자포자기하거나 자신의 마음을 고무시키기 위해 스스로를 격려하는 등 악전고투하게 됩니다. 하지만 악전고투에도 불구하고 효과적인 해결책을 얻지 못한 채 악순환을 반복하는 경우가 많습니다.

고된 업무로 인해 심신증(심리적인 원인으로 신체에 일어나는 병적인 증상)을 일으켜 입원하고 있던 한 일류 기업의 부장이 병원을 빠져나와 상담을 하러 왔습니다. 그는 심신증에 관한 의학서와 심리학서를 들고 있었습니다.

"저는 치료하기 위해 여러 가지 책을 읽었습니다. 또한 자기 단련법으로 매일 요가와 자율훈련을 했습니다. 친구의 권유로 기분 전환에 좋다기에 난생처음 슬롯머신도 돌려봤습니다. 하지만 전혀 효과가 없었습니다."

"게임에서 땄나요?"

"따는 게 목적이 아니라 치료가 목적입니다."

빨리 좋아지려는 그의 심정은 이해되지만 안타깝게도 그렇게 열심히 노력해서는 효과를 얻을 수 없습니다. 그의 이러한 방식은 틀림없이 일을 할 때나 가정에서나 여가를 즐길 때도 마찬가지였을 겁니다. 그가 심신증을 일으키게 된 가장 큰 원인 역시 바로 여기에 있었습니다.

"슬롯머신은 이기기 위해 하세요. 단, 장시간 하더라도 피곤하지 않게 편안히 앉아서 여유 있게 즐기세요."

이것은 결코 말장난이 아닙니다. 무엇이든 열심히 노력하기에 피곤해지는 것입니다. 열심히 하지 않고 설렁설렁 해치우듯이 하면 여유를 가질 수 있고 노력도 스스로 조절할 수 있게 됩니다.

인간은 살아 있는 한 고민이 끝이 없습니다. 중요한 것은 고민을 빠르고 완벽하게 해소하는 것이 아니라 보다 훌륭한 고민 방법을 연구하는 것입니다. 훌륭한 '고민 방법'이 가능해지면 희한할 정도로 고민이 자연스레 해결됩니다.

낮잠은 심오하다

낮잠 도사의 낮잠 전수

'몸과 마음을 풀어주는 방법'으로 낮잠이 최근 주목을 받고 있습니다. 특히 낮잠은 평소 땀을 흘리며 일을 하는 사람에 있어 효과적입니다. 혹은 출퇴근 동안 만원 버스나 지하철에 시달리는 사람들에게도 이롭습니다.

가혹한 노동이나 출퇴근 지옥 같은 것은 인간의 심신에 충격을 주어 때론 지치게 합니다. 매일같이 몸과 마음에 충격을 받고 그것을 계속 방치하면 앞서 이야기한 심신증과 같은 증상이 생겨날 수도 있습니다. 지친 몸과 마음을 가장 저렴하게 치료할 수 있는 방법이 낮잠입니다.

본래 낮잠은 마치 도를 닦듯이 고요한 가운데서 이루어져야 합니다. 낮잠에 어울리는 공간은 아무 장식 없는 소박한 곳입니다. 정숙한 분위기에서 본래무일물本來無一物 즉, 무엇에도 집착하지 않는 청정한 마음 상태를 유지하며 낮잠을 청해야 합니다.

일상생활에서 심신을 풀어주는 낮잠은 그 형식이 정해져 있지 않습니다. 자신에게 가장 잘 맞는 방법을 찾는 것이 중요합니다. 낮잠에 대한 아무런 준비 없이 먼지 날리는 방에서 시작해도 상관없습니다. 날리는 먼지를 바라보며 상징적으로 우주의 모습을 떠올려도 좋을 것이고, 반대로 '그저 먼지가 날린다'는 것을 새삼 느끼는 것도 상관없습니다.

낮잠에서 깨어난 뒤에는 손발과 목과 허리 등의 관절이 가능한 편안해지도록 가볍게 움직여서 기가 통하기 쉽게 합니다. 근육을 부드럽게 늘리며 곤충의 숨소리처럼 조용히 호흡하면 몸속에 생기가 돌고 마음이 편안해집니다.

낮잠을 통해 완전한 자기의 몸과 마음을 찾을 수 있습니다. 혹 낮잠을 이해하지 못하는 주변 사람의 잔소리를 듣게 되더라도 깨달음을 주는 소리라 생각하고 자기만의 낮잠 방식을 꾸준히 유지하세요. 낮잠을 즐기다 보면 이 행위가 끝없이 심오하다는 것을 깨닫게 될 것입니다.

금주 요령

알고 있지만 나도 모르게 과음을

기업에서 사원의 출근 거부 증상으로 3A라는 것을 꼽습니다. 3A는 빈번한 결근absence, 사고accident, 술alcohol의 영어 머리글자를 딴 것입니다. 그중 술은 정말 골치 아픈 문제입니다.

기뻐서 혹은 슬퍼서 또는 사람들과 어울리기 위해 술을 마시고 때론 아무 이유 없이 술을 마십니다. 만일 어느 날 갑자기 '알코올의존증'이라는 진단을 받는다면? 아마 대부분의 사람이 순간적으로 멍하니 있다가 비통한 비명을 지르게 될 것입니다.

알코올의존증이 있는 사람들은 대개 자신의 음주 습관을

알고 있다고 생각합니다. 누군가가 술을 끊으라고 지적하면 그들은 이렇게 대꾸합니다.

"나도 알고 있어. 알고 있지만 끊을 수 없어."

술에 의존하는 것은 알고 있는데 술로 인해 이상과 불안 증상이 생긴 것은 알지 못하는 것일까요?

한 의뢰인의 경우 과음을 하고 아내에게 주사를 부리다 이혼 위기에 처하자 알코올 전문 병원을 찾게 되었습니다.

"제가 뭘 잘못했는지 알고 있습니다……. 술 먹고 실수 안 하는 사람이 어디 있습니까?"

흔히 사람들은 단번에 술을 끊으려고 하기보다는 이제부터 적당히 마셔야겠다 혹은 술 마시는 횟수를 조금씩 줄여야겠다고 생각합니다. 하지만 이러한 방법은 알코올의존증 진단을 받기 이전까지 가능한 것입니다. 이미 알코올의존증이 있는 상태라면 당장 술을 끊는 것 외에는 방법이 없습니다.

의뢰인은 술을 끊으라는 말에 이렇게 답했습니다.

"병은 인정하겠습니다. 우선 가능한 술을 마시지 않도록 노력하겠습니다. 완전히 술을 끊는 건 차차……."

나는 그에게 금주 모임과 알코올중독 치료 모임을 소개해주고 술을 끊는 '요령'을 배우도록 했습니다.

한 번에 좋아지는 사람은 없습니다. 대개 사람들은 두세 번 모임에 나가 보고 금세 회의를 품곤 합니다. 금주 모임

따위는 자신에게 아무 쓸모없고, 술을 끊는 요령도 배울 수 없는 창피한 집단이라 여기며 저항합니다.

이럴 때 나는 의뢰인에게 종이접기를 권합니다. 나와 의뢰인은 마주 보고 앉아서 종이접기를 하는데, 나는 쉽게 접을 수 있고 상대는 접을 수 없는 것을 선택합니다. 예를 들어 종이접기 설명서만 주고 상대에게 거북이를 접어 보라고 하는데 대부분 완성하지 못합니다. 그다음에는 상대에게 내가 접는 것을 보고 따라 하도록 하고 질문도 받습니다. 상대는 어렵사리 하나의 종이접기를 완성하면 이렇게 말해 줍니다.

"안다는 건 이런 걸 말하는 겁니다. 좀 더 금주 모임에 다녀 보는 게 어떨까요? 그것이 착각의 늪에 빠지지 않는 요령입니다."

악순환에서 벗어나는 방법

자기의 중심을 되찾은 소녀

내가 살아가기 힘들다고 느낄 때는 자기중심적인 사람과 만나는 순간입니다. 남의 발을 밟고 아무렇지 않은 척하고, 차창 밖으로 담배꽁초나 음료수 캔을 버리고, 시간에 상관없이 장황하게 자기주장을 펼치는 등 이런 사람들과 만나면 무척 불쾌해집니다.

거식증 증상으로 한 의뢰인이 찾아왔습니다. 그녀는 먹기 시작하면 멈추지 못하고, 먹고 난 뒤에는 전부 게워 내며 몸무게가 27킬로그램에 이르렀습니다.

거식증이 계속될수록 그녀는 신경질적으로 변해 갔습니다. 어릴 적부터 착한 아이였던 딸이 강하게 자기주장을 고

집하며 감정적으로 반항하자 그녀의 어머니는 지쳐 있었습니다.

그녀의 고민은 자기가 생각해도 바보 같지만 폭식을 멈출 수 없고, 그 이유가 주변에서 말하는 것처럼 자신의 성격이 비뚤어졌기 때문이라고 여기고 있었습니다.

정도의 차는 있겠지만 누구나 빠지기 쉬운 것이 "머릿속으로는 알고 있지만 멈출 수 없어"입니다. 이는 노이로제에 시달리는 사람들이 공통적으로 호소하는 고민으로, 알고 있지만 멈출 수 없어서 계속 같은 일을 되풀이하기에 악순환이 계속됩니다.

악순환은 주변 사람과의 관계로 인해 강화되고 고정됩니다. 따라서 악순환에서 벗어나려면 먼저 주변과 관계를 끊고 자신의 페이스를 되찾을 필요가 있습니다.

우리가 살아가기 어려운 것은 타인과 사회생활을 함께 하는데 그 원인이 있습니다. 평소 타인과의 관계를 조절하며 사회생활을 열심히 하려고 노력하는 사이에 자신의 모든 것을 주변의 평가 기준에 맞추게 됩니다. 즉 '타인 중심'으로 살아가며 '자기중심'을 잃어버리는 것입니다.

자기중심을 잃은 사람은 타인의 평가 기준에서 어긋나게 되면 스스로 자신을 무능력한 사람이라고 치부하게 됩니다.

나는 그녀에게 어떤 모습으로 있고 싶은지, 그걸 방해하는 게 무엇인지, 방해물을 치우고 그녀가 되고 싶은 모습이 될 수 있는 조건을 만들어 보자고 제안했습니다. 즉 그녀가 자기중심을 되찾을 수 있도록 돕고자 했습니다. 후에 그녀는 이렇게 말했습니다.

"자신과 마음속으로 대화를 할 수 있게 되어 자신감이 생겼어요. 사람들이 각기 다르다는 걸 깨닫게 되니 매일매일이 놀랍고 신기해요. 나를 소중히 할 수 있게 되면서 다른 사람들 또한 사랑할 수 있게 되었어요."

제멋대로인 사람을 보며 화를 내기보다 한 걸음 뒤로 물러서서 스스로를 바라볼 필요가 있는 것 같습니다.

증상은 당신을 지켜준다
완전무결한 미인의 고민

무슨 일이든 간에 그 일에 '증상' 혹은 '문제'라는 이름을 붙이면 어떡해서든 해결해야 하는 것으로 여기고 노력하게 됩니다. '있어서는 안 되는 나쁜 것'이 생겨났다고 생각하기 때문입니다. 그리고 대부분은 노력함으로써 무사히 해결할 수 있습니다. 하지만 해결되지 않는 난문도 있는 게 세상만사입니다.

미모의 여성 의뢰인이 찾아왔습니다. 그녀는 시선공포에 시달리고 있었습니다. 다른 사람들의 시선으로 인해 불안해지고 불편해지는 것입니다.

증상이 나타난 건 약 1년 전입니다. 회사를 그만두고, 친구들과의 만남도 거절하고, 외출하는 것도 꺼리게 되었습니다. 이전에 그녀는 사교적이고 밝은 성격으로 주변에 인식되었던 터라 누구에게도 말하지 못하고 그녀는 혼자 고통스러워했습니다. 초조해할수록, 고치려고 마음먹을수록 오히려 더욱 사람들의 시선이 무서워지고 그들의 시선이 오장육부까지 파고드는 듯 느껴졌습니다. 무엇보다 그녀의 가장 큰 고민은 시선공포로 인해 결혼할 수 없으리라는 것이었습니다.

우리는 증상이 시작되기 전후의 생활 변화에 대해 이야기를 나누었습니다. 증상이 시작되기 직전 그녀는 결혼을 전제로 교제하던 남성에게 일방적으로 실연을 당해 식사를 할 수 없을 정도로 상처받고 고통스러웠다고 합니다. 지금껏 많은 남자와 교제했지만 상대에게 차인 것은 처음 있는 일이었기에 그녀는 무척 충격을 받았습니다. 그녀는 적지 않은 나이였기에 결혼에 대한 조바심이 생겨났고, 부모 역시 결혼 문제로 그녀를 몰아세웠습니다.

실연 뒤에 수많은 남자들이 그녀에게 다가왔지만 그녀는 결혼 상대를 만나야 한다는 조바심과 남자에 대한 불신과 또다시 상처받을 수 있다는 두려움에 다시 연애를 시작하지 못했습니다.

이즈음부터 시선공포 증상이 확연히 나타나기 시작했습니

다. 이전의 밝고 사교적인 성격은 사라지고 남자와의 접촉을 거부하게 되었습니다. 그녀는 자신은 이성을 만나서 결혼할 수 없을 거라고 이야기했습니다.

그녀와 상담하는 사이 현재의 증상으로 인해 이로운 면도 있음을 알게 되었습니다. 남자와의 만남을 꺼리게 되며 '상처에 대한 공포'를 피할 수 있었고, '증상이 생겼으니 어쩔 수 없다'고 생각하면서 결혼에 대한 조바심도 억제할 수 있었습니다. 증상 자체는 고통스럽지만 그 대신 심적 부담을 덜게 된 것입니다.

"그 증상은 어쩌면 당신 자신을 지키기 위한 무의식의 지혜인 것 같습니다. 서둘러 증상을 없애려고 하지 마세요."

그녀는 무의식의 지혜라는 말에 관심을 보이며 어느새 심각했던 모습은 사라지고 미소 지었습니다.

이후 몇 차례의 치료에서 우리는 그녀가 두려워하는 '시선'에 대해서는 이야기하지 않고 주로 '남성과 결혼'에 관한 이야기만 나누었습니다.

'증상'을 무조건 나쁜 것으로 받아들이고 어떻게든 해결하려고 하기 때문에 악순환이 반복됩니다. 그럴수록 '증상'은 더욱더 당신을 괴롭힐 수 있습니다. 때론 증상을 해결하려고 하기보다, 인생을 살다 보면 정말 어쩔 수 없는 난문이 있음을 떠올려 보세요.

문제 덩어리

강박신경증을 예방하는 인생

의뢰인들은 수많은 동기를 가지고 심리상담을 찾습니다. 증상을 없애고 싶다, 이러이러한 문제로 고민하고 있다, 그냥 소개받고 와 봤다 등.

문제를 혼자 해결할 수 없다는 사실을 인정할 때, 일시적인 사건이 아니라 오랜 시간 경험에 의해 문제가 커져 버렸음을 실감할 때 의뢰인은 중대한 위기에 부닥치게 됩니다. 문제를 해결한다는 것은 그 문제의 덩어리를 이루고 있는 자신의 오랜 경험과 인생을 완전히 부정하는 것이기 때문입니다.

6년에 걸쳐 심리상담을 해온 강박신경증 의뢰인이 있습니다. 그는 현재 완치 과정에 있습니다.

우리가 처음 만났을 당시 그는 주어진 업무를 지나치게 꼼꼼하게 처리하려다 보니 능률이 떨어져 일처리가 늦어지게 되며 사회생활에 곤란을 겪고 있었고, 일상생활에서도 집을 나서면서부터 가스 밸브를 잠갔는지 전원을 꺼두었는지 신경을 썼고 길을 걸을 때조차 자신만의 규칙을 정해두고 움직이는 등 행동하는 것 자체가 매우 힘든 상황이었습니다.

얼마 전 그는 이렇게 말했습니다.

"내 인생은 예방으로 이루어져 있습니다. 내 인생에서 예방을 없앤다면 인생을 뿌리째 바꾸는 수밖에 없습니다……."

그는 겉보기에는 사회생활을 썩 잘하고 있는 듯 보입니다. 하지만 그의 내면은 '미리 생각하고 행동해야 한다'와 '생각하지 않고 행동해도 된다는 것을 안다' 사이에서 끝없이 시험당하며 미묘한 균형 감각을 몸에 익히기 위해 노력하고 있습니다.

이전의 그는 타인과의 관계에서도 예방이 중요하게 작용했는데 즉 타인은 모두 적이라고 생각하고 누군가와 관계를 맺을 때도 일단 생각을 해 보고 행동했습니다. 현재 그는 타인은 모두 친구라는 생각이 싹트고 있다고 말합니다. 이것 역시 미묘한 균형 감각이 필요했습니다.

자신의 문제를 노골적으로 드러내든 감추려고 하든 간에 의뢰인은 '치료'를 원해 찾아옵니다. 의뢰인의 문제는 쉽게 해결될 수 없는 것들이 대부분입니다. 대개 그들의 문제는 그동안 살아온 생활신조와 밀접히 관련되어 있고, 생활신조는 자신의 경험에 의해 만들어지고 유지되어온 것이기에 양보할 수 없는 문제이기 때문입니다.

'변화하고자' 하는 마음을 절대 잊어서는 안 됩니다.

역시 자기중심

자신을 너무 억눌러온 어머니

자기중심적이라는 말은 제멋대로 행동하고 이기적이라는 부정적인 느낌을 줍니다. 이와 반대로 애타심, 애타주의 등은 서로 어울려 살아가는 데 있어 중요하게 여겨집니다. 자기중심적인 사람이 반드시 나쁘다고 볼 수 없고 애타심이 넘치는 사람이 반드시 좋다고 볼 수도 없습니다. 애타심이 지나치면 자신을 잃어버리는 수도 있습니다.

30세 주부가 육아 스트레스로 심리상담을 찾았습니다. 그녀에게는 3세와 2세 아이가 있습니다. 떼를 심하게 부려 손길이 많이 간다고 합니다. 남편은 5세 연상으로 왕성한 사회생활로 인해 매일 밤늦게 집에 돌아옵니다. 그녀는 남편을 쉬게 하기 위해 주말에도 혼자 아이를 돌봅니다. 또한 남편을 내조하느라 끝없이 자신을 억눌러 왔습니다.

첫 상담 때 그녀는 두 아이와 함께 왔습니다. 아이들은 쉴 새 없이 소동을 부리고 제어가 되지 않았습니다. 그녀는 칭얼대는 아이를 안고 선 채로 눈물을 머금고 자신의 조바심과 고독감, 불안과 초조를 호소했습니다. 이미 급성 우울로 들어서 자살 충동까지 보였고 그로 인해 집안일은 물론 육아도 제대로 할 수 없는 상태였습니다.

그녀는 중학생 때부터 사는 게 고달프다는 생각을 했다고 합니다. 부모가 자신을 지나칠 정도로 엄격하게 대하는 것에 의문을 품었지만 부모가 상처받을 것을 우려해 단 한 번도 그런 이야기를 입 밖에 꺼낸 적은 없다고 했습니다.

그녀는 어린 시절부터 자신의 생각을 밖으로 드러내지 않고 살아왔습니다. 여태껏 그녀는 부모를 위해, 남편을 위해, 아이들을 위해, 남에게 피해를 주지 않기 위해 타인 중심으로 살아온 것입니다.

그녀는 사회생활을 통해 자신의 꿈을 펼친 경험도 없었습니다. 아이가 들어서는 바람에 대학 졸업 후 바로 결혼했고, 그와 동시에 집안일과 양육에만 전념했습니다. 혼자 아이를 키우며 그녀는 스트레스와 외로움에 시달리고 있었습니다.

게다가 최근 아이가 자기주장을 하게 되면서 그녀의 어려움은 더해졌습니다. 아이가 요구하는 대로 받아주면서 정작 자신은 폭발하기 직전까지 화가 치밀었습니다. 그녀는 자신의 감정이 폭발해 아이나 남편에게 해를 입힐까 봐 두려워했습니다. 나는 그녀에게 이렇게 말해 주었습니다.

"사람은 신이 아니기에 자신을 희생함으로써 자아실현을 이룰 수는 없습니다. 자신의 욕구를 실현하고, 자신만의 시간을 가지고, 자신의 즐거움을 추구하는 것이 중요합니다."

그녀는 남편에게 도움을 요청했습니다. 남편이 집안일을 도와주게 되어 그녀는 결혼한 지 5년 만에 혼자 쇼핑을 즐길 수 있는 시간을 가지며 우울한 기분에서 벗어날 수 있었습니다. 역시 자기중심이 중요합니다.

울 수 있으면 편해진다
실감정증의 슬픔과 치유

"선생님, 모리타 도우지森田童子 알아요?"
나와 치료를 하고 있던 아이가 질문을 했습니다.
"아니, 전혀 모르겠는데. 그게 누구지?"
"너무 어두운 노래라고 하는데 나는 듣고 있으면 마음이 편해져요."
아이의 말에 흥미가 생겼습니다. 모리타 도우지의 〈우리들의 실패〉라는 노래가 드라마 주제곡으로 히트를 친 것 같았지만 드라마 마지막 편만 조금 봤을 뿐입니다. 원래 관심이 없었던 드라마라 아무 느낌도 받지 못했고 마지막 편에서 주제곡을 들었을 때는 충격을 받았습니다. 20년 이상 내 속에 잠재되어 있던 뭔가가 정면으로 튀어나오는 것 같은 느낌을 받았습니다.

다음 날 바로 그 시디를 샀고 하루에 한 번은 집에서, 또 한 번은 학교에서 들었습니다. 잠이 오지 않을 때는 방에서 혼자 이 곡을 들었습니다. 눈물이 멈추지 않고 흘렀습니다.

이 곡을 가르쳐준 아이의 이야기를 들어 보니 요즘 젊은 여자들 사이에서 모리타 도우지의 곡을 들으며 우는 게 유행이라고 했습니다(나는 중년 남자이지만).

결국 나 혼자로 끝나지 않고 봉사활동을 하고 있는 동료들을 불러모아 '모리타 도우지를 듣고 함께 우는 모임'을 만들었습니다. 장난 삼아 시작한 모임에 하나둘 사람이 늘어나면서 상당한 수가 모이게 되었습니다. 꽤 기묘한 모임이라고 여길 것입니다.

매번 음악을 들으며 함께 모여 우는 걸 반복하는 사이 모두에게 조금씩 변화가 생겨나기 시작했습니다. 어떤 사람은 "마음껏 울고 나니 마음이 아주 편안해졌다"며 그동안 울고 싶어도 눈물이 나지 않았다고 했습니다.

"힘든 일이나 슬픈 일이 많았지만 아무도 상담에 응해주지 않았고, 항상 타인의 공격만을 받았어요. 그래서 무조건 자신의 감정을 억제하고 모든 것을 논리적으로 설명하려고 했어요."

이 사람은 이런 자세로 자신을 지켜 왔는데 어느 순간 자신의 감정을 말로 표현할 수 없게 되었음을 깨달았다고 합니다. 이러한 것을 우리는 '알렉시미아(실감정증)'라는 전문용어로 부르고 있습니다.

그 후로 이 사람은 나와 상담을 하게 되었고, 차츰 자기주장이 가능해져 기쁨과 슬픔을 가족과 함께 나눌 수 있게 되었습니다.

우는 법을 알게 되면 기뻐할 수 있는 법도 알게 되는 것 같습니다. 생각지도 못한 일로 한 가수가 나의 치료에 도움을 주었고 나 자신도 상당한 치료 효과를 얻었습니다.

가능한 불규칙적으로 게으르게

몸과 마음을 똑같이 생각하자

마음이 피곤하면 모든 의욕이 사라지고 동시에 어지럼증과 구역질, 식은땀, 설사, 두통, 미열 등 신체 이상증상이 생겨납니다. 건강검진을 하더라도 아무런 이상을 찾지 못하는 경우가 많습니다.

우리가 감기에 걸렸을 때 치료법은 충분한 수면, 영양보충, 약을 복용하는 것입니다. 또한 왜 몸이 아픈지, 왜 면역력이 저하되었는지 생각하는 것이 상당히 중요합니다. 약이 우리를 치료해 주는 것이 아닙니다. 우리 신체가 가진 생명력이 주된 치유 역할을 하는 것이고 약은 보조 역할을 담당할 뿐입니다.

면역력이 떨어지면 감기에 걸리게 되고, 감기에 걸리면 사람들은 휴식을 통해 에너지를 회복합니다. 반면 마음의 피로로 인해 마음의 병에 걸려 학교나 직장에 나가지 않으면 근성이 부족하다며 정신단련을 해야 한다고 말하는 경우가 대다수입니다.

마음의 병을 신체의 병처럼 생각하지 않는 것이 우리의 현실입니다. 맹장염으로 입원한 것은 다른 사람들에게 말하기 쉽지만, 정신적 피로로 입원한 것을 말하기는 쉽지 않습니다.

몸이 아프면 의사를 찾아가 치료를 하고 휴식을 하듯이 마음에 피로가 쌓였을 때도 전문가와 상담하고 휴식을 취해야 합니다. 특히 가장 중요한 건 휴식입니다.

우리는 평소 일의 능률을 올릴 일만 생각할 뿐, 얼마나 잘 휴식을 취해야 하는지에 대한 노력은 부족합니다. 힘들게 얻은 휴가도 이런저런 일에 대해 고민하느라 시간을 날리고 또는 주말 아침에도 일찍 일어나 조깅을 하는 등 자신을 규제하는 사람이 많습니다.

언뜻 보기에는 잘하는 행동인 듯하지만 절대 그렇지 않습니다. 규칙적인 일상이 자연스레 지켜지려면 그에 맞는 충분한 휴식을 취해야 합니다. 자고 싶을 때 자고, 먹고 싶은 것을 먹고, 하고 싶은 일만 하는 '충분한 휴식'이 있어야 개운하게 일상생활을 할 수 있습니다.

중요한 것은 바로 '개운함' 입니다. 불면증 환자는 '개운함'을 원하지만 전혀 '개운' 해질 수 없는 것과 마찬가지입니다. 마찬가지로 마음도 개운해질 때까지 휴식을 취하면 다음 리듬이 찾아오게 됩니다. 불규칙적인 마음의 규칙을 따라야 규칙적인 생활이 가능해지는 것입니다.

시간을 보람 있게 쓰지 말자

스트레스성 위궤양

과로로 인한 스트레스성 위궤양으로 병원에 입원한 환자가 담당 의사의 권유로 심리상담을 받으러 왔습니다.

그는 이번이 세 번째 위궤양 재발이었습니다. 위궤양의 원인은 불규칙적인 생활과 식사, 끝없는 긴장감으로 인한 스트레스 등입니다.

그는 은행에 근무하고 있었는데 결산 등 업무가 많은 시기에는 책임량을 채우기 위해 매일 잔업을 했고, 아침 일찍 출근했다가 저녁 늦게 퇴근해 집은 잠만 자는 곳이 되었습니다. 피로가 누적되면 식욕을 잃거나 초조해하며 화를 냈습니다. 그즈음 위궤양도 재발했습니다.

업무가 일단락되고 휴가를 얻어 10일간 입원을 했을 때 그는 담당 의사로부터 과로와 위궤양을 관련성을 정밀검사해 보자는 제안을 받았지만 그는 자신의 나약함을 비난할 뿐이었습니다.

"다른 사람들도 똑같이 일하고 있어요. 나만 위궤양에 걸리는 건 체력이 약하기 때문이에요."

그는 거의 쉬지 않고 일만 했습니다. 취미로 마작과 골프를 했지만 그것 역시 업무의 연장으로 그가 휴식을 취할 수 있었던 건 병에 걸려 입원할 때뿐이었습니다.

우리 사회는 매일같이 일하는 것이 당연하고 일하지 않고 노는 것은 곧 게으름뱅이로 여기는 듯합니다. 또한 휴가를 보람 있게 쓰기 위해 무리해서라도 해외여행을 추구합니다.

그는 어린 시절부터 탈락자가 되지 않기 위해 노력해 왔습니다. 은행에 입사해 현재 중간 관리자 역할을 하기까지 그는 꾀부리지 않고 성실히 업무에 임했고 이전보다 직책이 무거워짐에 따라 더욱 자신의 심신을 과로로 내몰았습니다.

그가 쉼 없이 일한 것은 놀 기회가 적었기 때문이 아니라 일중독 뒤편에 공포가 감춰져 있었기 때문입니다. 이 공포는 '그렇게 하지 않으면 안 되는'이란 규칙과 습관을 절대시하는 데서 발생합니다.

당신은 무엇에 대한 공포심을 가지고 있습니까?

가끔 멍하니

피하지도 않고 온몸으로 부딪히지도 않고

'조발성 치매'라는 병명이 있었습니다. 요즘 말하는 '정신분열증'으로, 남보다 감수성이 예민한 젊은이가 청년기 특유의 정신적 중압감으로 인해 혼란을 겪다가 정신적 붕괴의 위기에 처하는 것입니다. 치료를 위한 도움의 손길이 닿지 않아 안타깝게도 정신이 분열되어 전혀 몸을 쓰지 못하는 상태가 타인의 눈에는 '치매'로 보이기 때문에 그런 병명이 붙었을 것입니다. 아마 청년은 자신의 생각을 온몸으로 부딪혔기에 조발성 치매라는 병에까지 이른 것이 아닐까요.

누구나 무언가 깊이 생각하느라 머리가 피곤해지면 순간 멍해지면서 뭐가 뭔지 모르는 상태일 때가 있습니다. 또는

둘 필요가 있습니다. 몇 가지 예를 들어보겠습니다.

스트레스와 싸운다 정보를 수집해 스트레스 해소를 위해 전략을 세우고 실행한다.

스트레스에 익숙해진다 추위나 더위에 익숙해지는 것과 마찬가지로 힘든 상태에 조금씩 익숙해짐으로써 조금씩 가볍게 느끼게 된다.

스트레스로 여기지 않는다 같은 일이라도 피해의식을 갖거나, 마이너스로 받아들이지 않는다.

스트레스가 쌓지 않는다 사태를 객관적으로 재검토하면 스트레스가 쌓이지 않는다.

스트레스를 회피하고 도망친다 싫은 일에 직면하게 될 것 같으면 바로 피해버린다. 스트레스를 주는 사람에게 전화가 오면 받지 않는다.

스트레스를 방치한다 힘든 상황에 처하면 패닉 상태에 빠진다. 조금 시간을 두고 생각하면 좋은 생각도 떠오를 것이고, 여유도 생긴다. 한동안 방치하고 자신을 쾌적한 상태로 만든다. 일단 천천히 목욕이라도 하고 내일 다시 생각한다.

스트레스를 걷어버린다 벌어진 사태의 좋은 점을 찾는다. 혹은 좋은 쪽으로 바꾼다. 적을 내 편으로 만든다.

스트레스에 빠져버린다 큰 소리로 울거나 푸념한다. 충분히 감정을 표출하면 마음이 풀린다.

스트레스를 희석시킨다 사태를 분석하고 타협하는 등 가능한 것부터 해결한다.

스트레스를 합리화한다 오히려 잘된 일이라고 생각한다. 실연 당했다면 '별 매력 없는 사람이었으니 오히려 잘됐다'고 자기 나름대로 이유를 만들고 마음의 상처를 막는다.

여러 방법을 써보고 자기 나름대로 스트레스와 공존하는 방법을 찾는 게 중요합니다.

엄마 손은 약손

시험 공포증의 이미지 요법

"엄마 손은 약손." 누구나 한 번쯤은 들어본 적이 있을 것입니다. 때론 이 말을 주절거리는 것만으로도 고통이 사라지기도 합니다. 또한 이 말은 세상에 널린 그 어떤 심리요법보다 간단하고 즉효를 발휘합니다. 생활의 지혜라 할 수 있는 이 말에는 마음가짐, 마음을 푸는 방법과 원리, 더 나아가 치유의 원리가 들어 있습니다.

시험공포가 있는 고등학생이 시험을 3일 앞두고 상담을 하러 왔습니다. 그 학생은 시험이 가까워질수록 과도한 긴장 때문에 백지상태로 되어 아무것도 할 수 없다고 했습니다. 곧 시험을 치러야 하기에 나는 그에게 긴급 대책으로 다음과 같은 방법을 일러주었습니다.

"그때그때 생겨나는 싫은 감정은 멀리 내다 버려라."

가볍게 긴장을 푼 상태에서 눈을 감고 상상하는 것입니다. 화가 났을 때의 느낌이나 몸이 공중에 떠 있는 느낌 등을 떠올리고 그것을 한 덩이로 돌돌 뭉쳐서 내던지는 것입니다.

"저는 그 느낌들을 병 속에 마구 넣고, 병뚜껑을 꽉 닫고, 그 병을 냉장고에 넣고, 그 냉장고를 줄로 꽁꽁 묶어서 산속에 던져 버렸어요. 모두 버리고 나니까 마음이 아주 편안해졌습니다."

이 방법은 '엄마 손은 약손'과 유사한 발상으로, 단순하게 즉시 효과를 얻을 수 있습니다. 나는 이 방법을 PACK 이미지 요법이라 이름 붙였습니다. 감싸는 것 Packing in, 완화시키는 것 shock Absorbing, 여유를 갖는 것 Clearing a space, 가져다 두는 것 Keeping의 머리글자를 딴 것입니다.

우리는 생활 속에서 건강한 마음을 갖는 방법, 마음가짐, 마음을 푸는 방법을 제대로 활용하고 있습니다. 가장 효과적인 마음 건강법은 어려운 논리나 이론을 통해 얻어지는 것이 아니라 우리가 잊고 있던 혹은 잊으려 하고 있는 생활의 지혜 속에 있습니다.

업어줘 귀신을 쫓기 위해서는

해결에 집착하지 말자

자전거를 막 배우는 사람은 넘어지지 않으려고 핸들을 틀다가 '꽈당' 넘어지고 맙니다. 넘어지는 방향으로 핸들 조작을 하면서 힘껏 페달을 밟으면 넘어지지 않습니다. 스케이트나 스키, 혹은 눈길에서 미끄러지는 차도 마찬가지로 미끄러지는 방향으로 몸을 움직여야 '잘 타게' 됩니다. 언뜻 보기에 나쁜 방향으로 향하는 것이 위기에서 벗어나는 데 도움이 되는 경우가 적지 않습니다.

'업어줘 귀신'이라는 옛날이야기가 있습니다. 할머니가 한 젊은이에게 강 건너로 자신을 업어 달라고 부탁합니다. 강을 건너와 젊은이가 몸을 일으켜 세우는데 할머니가 등에서 내려오지 않습니다. 깜짝 놀라 몸을 이리저리 흔들어 보지만 할머니 귀신은 등에 찰싹 달라붙은 채 젊은이의 목과 허리를 꽉 붙잡고 늘어집니다.

나쁜 방향을 선택함으로써 위기에서 벗어난다는 말을 응용해, 할머니 귀신을 떨어뜨릴 방법은 무엇일까요? 할머니를 등에 업고 평생 사이좋게 살기로 결심하고 할머니에게 그렇게 하자고 말해주는 것이 정답일 것입니다. 아마 귀신은 재미가 없어져 어느 순간 사라져 버릴지도 모릅니다. 혹 사라지지 않더라도 평생 함께 살 결심을 했으니 적어도 귀신 문제로 고민하지는 않을 것입니다. 조금 불편하더라도 그것을 감수하기로 하고 앞날의 계획을 세우고 살아간다면 별 탈 없는 인생을 영위할 수 있습니다.

닭 앞에 ㄷ자 모양의 그물망 안을 던져두고 그물망 반대편에 먹이를 놓아두면, 닭은 그물망을 돌아나와 먹이를 먹을 수 있을까요? 그렇게 하지 못합니다. 개나 원숭이라면 순식간에 그물망을 나와 먹이를 먹지만, 닭은 먹이에 집착하느라 그물망이라는 문제에서 벗어날 수 있는 방법을 생각하지 못합니다.

인간은 현명한 듯 보이지만 의외로 닭과 같은 상태가 되기도 합니다. 특히 감정과 정서가 얽힌 애정 문제나 사회적으로 평가가 매겨지는 직업이나 진학 문제일수록 닭과 같은 상태가 되기 쉽습니다.

어떠한 문제인지가 중요한 게 아니라 자신이 제대로 그 문제에 대해 고민하고 있는지 돌아볼 필요가 있습니다. 문제를 정면에서만 해결하려고 하면 더욱더 고민이 깊어질 수 있음을 알아두세요.

"재난을 당할 때는 그때가 재난을 당하기 좋은 시기이다. 죽을 때는 그때가 죽기 좋은 시기이다."(료우칸良寬, 에도시대 시인)

감정은 그 자리에서 푼다

싸움을 잘하는 비법

인간의 감정에는 '희로애락' 즉, 기쁨과 노여움과 슬픔과 즐거움이 있어 일상에서 상대에게 좋은 감정만을 가질 수 없습니다. 다른 가치관과 감수성을 가진 사람들끼리 공존하고 있으므로 때에 따라서 화를 내는 것이 당연합니다.

일반적으로는 남에게 화를 내거나 싸워서는 안 된다는 사회통념이 있어 그런 감정을 가능한 억누르는 경우가 많습니다. 하지만 화가 나는 상황이 반복되는데도 발산하지 않고 억누른다면 스트레스가 쌓이고 그로 인해 화병이 드는 경우도 있습니다.

실제로 화병으로 심리상담을 찾는 이들이 종종 있습니다.

이들이 평소 감정 표현을 어떻게 하는지 알아보기 위해 문자완성법 테스트를 합니다. 문자완성법은 실패, 세상 등의 자극적인 말을 넣어 적당한 문장을 완성시키는 것입니다. '분쟁'이라는 단어를 제시했을 때 '싫다'나 '절대로 해서는 안 된다'와 같이 단호하게 거부의사를 표현하는 사람이 있고 반면에 '때론 필요할 때도 있다' 혹은 '가능한 피하는 게 좋다'라고 보다 유연한 대답을 하는 경우도 있습니다.

감정이라는 것은 제아무리 참고 억누른다고 결코 사라지는 것이 아닙니다. 억누르면 억누를수록 골이 깊어지고 커져 언젠가 폭발할 위험이 있습니다. 감정 폭발을 방지하려면 무조건 싸움은 안 된다고 생각하기보다 잘 싸우는 요령을 아는 것이 중요합니다. 잘 싸우려면 화가 나는 상황에 바로바로 해결하는 것이 중요합니다. 감정은 그 자리에서 풀어야 합니다. 화를 참고 쌓아 뒀다가 감정이 폭발해 버리면 그때는 이미 수습이 불가능한 상태가 됩니다.

에너지 수준

소모된 마음에 에너지 충전을

사람의 에너지가 80퍼센트에 이르면 '가벼운 피로감'과 '쉬고 싶은 마음' 등이 생겨나게 됩니다. 이때 휴식을 취하면 다시 회복하지만, 쉬지 않고 계속 일하게 되면 피로가 더해지며 에너지가 70퍼센트로 줄어듭니다.

대부분 이쯤에서 일을 중단하고 수면과 휴식을 취하거나, 맛있는 음식을 먹거나 담소를 나누는 등 자연스럽게 충전회로가 작동해서 회복할 수 있는 행동을 취하지만 만일 충전회로가 고장이 나면 불안과 신경과민이 더해지며 에너지가 60퍼센트로 내려가게 되어 일상 행동에 이상이 발생하고 마음먹은 대로 자신을 제어할 수 없게 됩니다.

소모 수준과 충전법

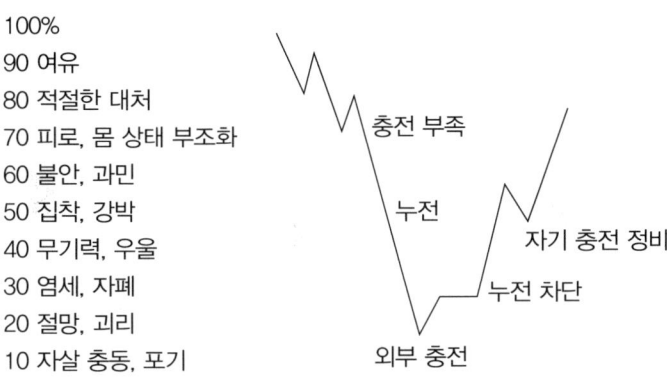

100%
90 여유
80 적절한 대처
70 피로, 몸 상태 부조화
60 불안, 과민
50 집착, 강박
40 무기력, 우울
30 염세, 자폐
20 절망, 괴리
10 자살 충동, 포기

특히 마음의 갈등이 지속되어 불필요한 에너지 소모로 누전회로가 열리면 소모는 더욱 가속화되고 집착이 생기며 이러지도 저러지도 못하는 초조감이 강해지게 됩니다. 에너지가 50퍼센트 이하로 하락하면 우울이나 자폐에 빠질 수 있습니다. 이런 경우에는 주변 사람들의 도움(외부 충전)이 필요하게 됩니다.

외부 충전을 통해 에너지를 충족하지 못하면 결국 에너지가 고갈되어 염세와 절망감이 더욱 강해지고 결국 '죽음'에 사로잡히게 됩니다.

에너지 소모가 극심할 때일수록 불필요한 몸부림 등의 누전회로를 차단하고 회복을 기다리며 서서히 충전회로를 정비할 필요가 있습니다. 에너지 충전법은 '수면과 휴식'이 제일이고, 이를 통해 마음이 편안해지고 안도감이 생겨납니다.

평소 자신의 에너지가 얼마나 남아 있는지 점검하고 충분한 휴식을 통해 충전하세요. 고민과 갈등 등은 누전을 일으켜 에너지가 급속도로 소모시키는 반면 마음을 편안히 하고 작은 행복을 소중히 여기면 에너지가 일어납니다. 에너지 가득한 사람은 마음의 병에 잘 걸리지 않고 여유로운 인생을 보낼 수 있습니다.

제5장
내마음
신호듣기

눈앞의 것에 욕심을 내보자

어쨌거나 마음의 정리는 되지 않는다

마음이 불안하고 어딘가 허전한 느낌이 들거나 애매하고 어정쩡한 기분을 떨칠 수 없을 때 사람들은 마음을 정리한다는 말을 하곤 합니다. 마음이 단칼에 정리될 수 있는 것일까요?
눈앞의 것에 욕심을 낸다는 것은 시야가 좁아 멀리 내다볼 수 없는 것 혹은 속물적 욕심이라는 부정적 시각으로 보여집니다. 눈앞의 것에 욕심내지 않고 자신의 마음을 제어하고 유지하는 모습은 마치 수도승을 연상시킵니다. 이런 이미지와 흔히 말하는 '성실한 사람', '예의 바른 사람', '정직한 사람' 등과 같은 인물로 비춰집니다.
이처럼 정직한 삶을 살아가는 이들은 사람의 마음이 정리

될 수 있다고 보고 자신의 욕망을 드러내지 않으려고 노력합니다. 속물적인 욕구를 나쁜 것으로 여기고, 높은 이상을 품고 자신에게 엄격하게 대합니다.

수도승과 같은 청렴결백한 삶을 자신의 이상이라고 말하며 과거를 버리고 눈앞의 것에 흔들리지 않고 살아가고 싶다며 한 의뢰인이 찾아왔습니다. 그는 자신의 마음을 정리하는 데 강한 집착을 보였습니다. 그와 같이 정직해지고 싶은 사람에게 나는 아주 냉정하게 이런 말을 하곤 합니다.

"마음 정리는 실패로 끝날 겁니다. 마음은 정리할 수 있는 것이 아닙니다. 정리하려고 들면 '정리할 수 없는 병'에 걸려 힘겨운 고통을 짊어지게 됩니다. 마음을 정리했다 혹은 그렇지 못했다 하는 것은 그 느낌으로 남겨 두세요. 그런저런 기분을 반복하는 게 자연스러운 일입니다. 정리라는 말을 머릿속에서 털어버리고 정리되지 않은 상태로 눈앞의 것에 욕심을 내보세요. 먹고, 배설하고, 성욕을 일으키는 것과 같이 눈앞의 것을 탐하는 일은 자연스러운 현상입니다. 깨끗한 욕심도 더러운 욕심도 없습니다. 자신의 욕구에 시달리는 게 싫거든 그 마음 그대로 두고 눈앞의 욕심에 충실해 보세요. 욕구를 따르다 보면 감출 게 없는 자신이 과거와도 미래와도 관계없는 그 순간에 있음을 알고 기분이 좋아질 것입니다."

마음은 거짓말을 하고
몸은 거짓말을 하지 않는다

눈은 입만큼 의사표현을 한다

내가 어릴 적에 텔레비전에서 서부영화가 자주 방영되었습니다. 나는 존 웨인과 같은 총잡이를 동경해서 부모를 졸라 장난감 권총을 손에 넣었습니다. 거울 앞에 서서 벨트를 약간 느슨하게 하고 총을 빨리 쏘는 연습을 했습니다.

당시 서부영화의 줄거리는 평화로운 마을에 악당들이 나타나 사람들을 괴롭히면 정의의 총잡이가 등장해 악당들을 물리치는 것이었습니다. 인디언 부락이 배경이 되는 영화에서는 정의의 총잡이는 꼭 추장의 딸과 사랑에 빠지지만 결국 홀로 황야를 향해 떠나는 마지막 장면으로 끝이 났습니다.

서부영화 속 인디언은 꼭 이런 대사를 했습니다.

"백인 거짓말 해, 인디언 거짓말 안 해."

성우의 목소리였지만 그 독특한 억양이 인상 깊었습니다. 대학에서 심리학을 공부하고 있을 때 교수님이 강의 중에 이런 이야기를 했습니다.

"마음은 거짓말을 하지만, 몸은 거짓말을 하지 않는다."

이때 나는 과거 서부영화 속 인디언이 말했던 그 독특한 억양을 떠올리며 중얼거렸습니다.

"인간의 마음 거짓말 해, 몸은 거짓말 안 해."

심료내과 진료를 하다 보면 환자들은 대개 마음의 고민이나 불안을 호소하는 것이 아니라 몸 어디가 아프다거나, 소화기 계통이나 호흡기 계통의 상태가 좋지 않다고 호소합니다. 이들에게 보통 심신증이라는 진단이 내려집니다. 즉 마음의 문제가 신체 증상으로 나타나는 것입니다.

심신증의 범주는 상당히 넓어, 두통이나 어깨결림 등도 만성이 되면 심신증으로 볼 수 있습니다. 이 경우 환자는 그가 살아가는 데 있어 정말 '머리 아픈' 상태이거나 '어깨가 결릴' 만한 고민을 하고 있으리라고 추측할 수 있습니다.

사람들은 몸이 아픈 것에만 집착할 뿐 그것이 마음의 신호라고는 생각하지 못합니다. 바로 이것이 마음이 거짓말을 한다는 것입니다. '눈은 입만큼 의사표현을 한다'는 말처럼 자신은 감추고 있다 해도 몸은 솔직히 표현하는 것입니다.

심리상담사가 말하는 자신의 일
말을 끝까지 들으면 알 수 없다

어떤 사람이 애완견이 죽은 이야기를 해주었습니다.

"귀여워하던 애완견이 죽었어요."

"정말 안됐습니다. 쓸쓸하시겠어요."

"아니요, 이제 좀 살 것 같아요. 남편이 개를 좋아했고 저는 별로 좋아하지 않았어요. 어지럽히고, 손도 많이 가고. 개가 죽고 나니 살 것 같아요."

사람 말은 끝까지 들어봐야 한다는 말이 있습니다. 상대의 말을 끝까지 듣지 않고 미리 판단해서 그를 이해하지 못하게 되는 일이 생길 수 있기 때문입니다.

그런데 심리상담을 하다 보면 이와 반대되는 일이 왕왕

있습니다. 이야기를 끝까지 들으면 더더욱 복잡해지는 것입니다.

"저는 틀림없이 그렇게 생각하고 있었어요. 그런데 매일 보던 개가 보이지 않자 쓸쓸해진 것 같아요."

"네?"

"살아 있을 때는 그렇게 귀찮더니 죽고 나니까 그리워지네요. 제가 실제로는 개를 좋아하는 것 같아요."

"그래요?"

"네, 죽고 나니 그런 생각이 들어요."

여기까지 듣고서야 겨우 상대가 무슨 말을 하려고 했는지 알게 되었습니다. 하지만 좀 더 이야기를 나누다 보니 다시 뭐가 뭔지 모르게 되었습니다.

"하지만 산책을 시키거나 돌봐줄 필요가 없어 편해졌으니 잘된 것 같아요."

마음이 왔다 갔다 하는 것입니다. 결국 자기 자신의 마음 잘 알지 못하기 때문입니다. 이야기를 끝까지 들어보면 처음과 끝이 전혀 다른 경우도 가끔 있습니다. 성급한 판단도 안 되겠지만, 이야기를 끝까지 다 들었다고 확실해지는 건 아닙니다.

"아무래도 개가 죽어 편해진 면과, 죽어서 쓸쓸한 두 가지 마음이 양립하고 있는 것 같군요. 어느 쪽이 강하다고 단정

할 수는 없지만요."
 이 또한 심리상담의 원칙에 충실한 것입니다.
 "그건 아무래도 상관없어요. 그것보다 남편과 의견대립이 심하고 성격도 맞지 않아요. 남편이 쓴 물건이나 가지고 있는 것들을 보거나 손대는 것조차 싫어요."
 "남편과 원만하지 않다는 말인가요?"
 "네, 헤어지고 싶어요."
 "이혼하고 싶다는 말이군요."
 "그래요."
 문제는 애완견이 아니라 부부 문제로 발전해 버립니다. 이혼에 대한 문제라는 건 알겠지만 이럴 경우 이야기를 시작할 때부터 다 들을 때까지 도통 감을 잡을 수가 없습니다. 나는 물 위에 떠 있는 낙엽처럼 바람에 떠다닐 뿐입니다. 하지만 확실히 하기 위해서 그녀에게 묻습니다.
 "그런데 이혼과 애완견의 죽음이 무슨 관계가 있나요?"
 "아니요, 전혀 관계없어요."
 이야기를 끝까지 들어봐도 결국 알 수가 없었습니다. 심리상담사는 아무것도 모르는 채 그저 이야기를 들어줄 수밖에 없습니다.

마음도 감기에 걸린다

마음의 감기를 방치하면 큰일 난다

사람들은 몸 상태에는 민감하지만 마음 상태에 대해서는 과연 어떨까요?

최근 무기력증에 빠진 한 의뢰인이 찾아왔습니다.

"저는 입사 3년 차 회사원인데 최근 업무에 자신이 없고 의욕도 생기지 않습니다. 어떻게든 벗어나려고 해도 몸이 무거워서 움직일 수 없습니다. 왠지 모를 불안감에 쫓기고 있습니다. 밤에도 잠을 자지 못하고 기분도 축 늘어집니다. 거래처 사람들과 만나면 너무 긴장해서 자신감을 잃어버리고 맙니다. 게다가 입맛도 없고요."

그는 피로에 지친 모습이 역력했습니다. 그는 이전에는

무척 성실했다고 이야기했습니다. 그런데 요즘 들어서 이상 증상이 나타나고 있었습니다. 그는 자신이 열심히 하지 않는 게 문제라 생각하고 생활리듬을 바꿔 보기 위해 아침 일찍 일어나고, 운동 부족이 아닌가 싶어 퇴근 후에는 헬스클럽에도 다니고, 기분 전환을 위해 취미생활을 했습니다. 하지만 전혀 좋아질 기미가 보이지 않고 오히려 이전보다 더 피곤해졌습니다.

직장 생활은 정말 힘듭니다. 업무에 지치고, 주변의 눈치를 살피느라 심신이 모두 지치게 됩니다. 하지만 이 사람의 해결 방식에는 의문점이 있습니다. 나는 넌지시 이런 말을 던져 봤습니다.

"입사 1년 차에는 필사적으로 일을 배우려고 해서 피곤한지 모르고 지나쳤을 거고, 업무나 동료들과 익숙해진 3년 차에 접어들면서 조금씩 여유가 생겼을 겁니다. 불만과 피로를 느끼기 시작한 것도 바로 지금이고요. 이럴 때 마음이 해이해져서 자신도 모르는 사이 '마음이 감기'에 걸리는 경우가 있습니다. 책임을 느낄 문제가 아닙니다. 평소 감기에 걸렸을 때 책임을 지려고 하거나, 무리를 하려고 하나요? 열이 나는데 일찍 일어나 조깅을 하려고 하나요? 마음의 감기도 마찬가지입니다. 푹 자고 휴식을 취하는 게 좋습니다. 여유 있는 삶을 스스로 용서해 주세요."

마음의 감기는 불안, 긴장, 우울함이 주된 증상입니다. 거기에 불면증까지 더해지면 감기를 자각해야 합니다. 감기가 심하지 않을 때는 다소 무리를 해도 상관없지만 심해지면 큰일입니다. 감기는 노력과 인내로 낫지 않습니다. 휴식이 최선입니다.

마음이 감기에 걸렸을 때만이라도 여유를 찾는 것이 좋습니다. 스트레스가 많은 세상입니다. 마음이 감기에 걸리지 않도록 예방에 신경을 써 주십시오. 그래도 힘이 들면 마음의 감기약을 의사에게 처방받을 수도 있습니다.

마음은 합쳐지기를 두려워한다

자신을 잘 몰라도 괜찮다

"나 자신을 잘 모르겠어요. 이건가 싶으면 저거고, 저건가 싶으면 이거니……. 이것도 저것도 아닌 느낌이라 머리가 돌아버릴 것 같아요. 어쩌면 좋죠?"

"여러 가지 생각이 동시에 떠올라 어느 한 가지에 안착하지 못하고 무엇이 진짜인지 몰라 불안한 상태입니다."

"맞아요. 창피하지만 아이스크림을 먹으려고 생각하면 푸딩도 좋을 것 같고, 무엇을 선택해야 할지 몰라서 이것도 저것도 아닌 파르페로 결정하곤 해요. 결정을 내리고 나면 또 파르페보다는 팥빙수가 먹고 싶어져요. 매일이 피곤해요."

"여러 마음이 있어서 피곤하군요?"

"네. 내 안에 여러 마음이 있다는 게 이상해요. 한 사람에게 여러 모순된 마음이 있다는 건 정신이 이상한 거죠?"

"네? 아, 그래요. 당신 기준에서 생각하면 그런 것들이 다 병이 되는 건가요?"

"네? 저는 그렇게까지 말하지 않았지만 다른 사람들은 어떤가요? 다른 사람도 저와 같은 고민을 이야기하나요? 보통 사람은 여러 가지 중에서 하나를 선택하잖아요. 저는 고를 수 없어서 고르다가 지쳐버려요. 너무 불안해서 참을 수가 없어요. 다른 사람들은 어떻게 선택하나요?"

"글쎄요. 그들은 무얼 기준으로 선택할까요?"

"……알았어요! 선택한 척만 하는 게 아닐까요? 그게 아니라면 아마 대강 생각하고 결정하는 걸 거예요. 진학도 취업도 결혼도 모두요! 저는 그런 것들이 항상 궁금했어요."

분명 그녀의 말이 맞을지도 모릅니다. 우리는 뭐가 진짜 정답인지 모르지만 일단 정하고 보는 경우가 많습니다. 하지만 그런 식으로 '일단' 혹은 '그냥' 정하는 것도 살아가는 데 중요한 능력이라고 할 수 있습니다.

이 의뢰인의 경우 하나로 정하지 못하는 것이 문제나 과제가 아닙니다. 네 가지 생각이 떠오르면 자신 안에 네 가지 마음이 있다는 것을 그냥 받아들이면 됩니다. 그렇게 되면 '결정하는' 것이 아니라 자연스럽게 '결정될' 것입니다.

마음 체험은 오셀로 게임

마음은 불확실하기 때문에 재미있다

과거를 후회하거나 주변을 원망하고 싶을 때가 있습니다. 지나간 일은 어쩔 수 없다고 생각해도 쉽게 마음이 후련해지지 않습니다.

과거는 바꿀 수 없는 걸까요? 분명 과거의 사실은 바뀔 리 없습니다. 하지만 과거의 사실을 어떻게 받아들일지는 지금 당신의 선택에 달려 있습니다. 그런 의미에서 과거는 바꿀 수 있다고 말할 수 있지 않을까요?

한 남자 대학생이 심리상담을 받으러 찾아왔습니다. 그는 초등학교 때부터 학업성적이 우수해 교사와 부모에게 항상 칭찬을 받았고 본인도 그것을 자랑스럽게 여겼던 것 같습니다. 그런데 대학에 들어가 친구들과 이야기를 나눠 보니 대화에 낄 수 없다는 걸 느끼고 당혹스러웠습니다. 동급생들은 어릴 적 본 텔레비전 프로그램의 이야기를 하면서 즐거워했지만 그는 그런 방송을 본 적이 없었던 것입니다.
'나는 지금까지 대체 뭘 했던 걸까?'
그는 자신의 지난날들을 돌아보게 되었습니다. 생각해 보니 꽤나 많은 것을 참으며 살아온 것 같이 느껴졌습니다.
"결국 저는 부모가 바라는 것만 했고 내가 하고 싶은 일은 아무것도 한 게 없어요."
그가 처음 심리상담을 찾았을 때 내린 결론이었습니다.
그의 화려했던 과거는 완전히 빛바래 버렸습니다. 마치 오셀로 게임처럼 흑과 백이 완전히 뒤집혀 버렸습니다. 인생의 탑은 가끔 말도 안 되는 '장난'을 걸어옵니다. 지금껏 노력해 왔던 것, 좋다고 생각했던 것들이 갑자기 아무 의미 없이 느껴지는 때가 있습니다. 하지만 이런 변화는 반대의 경우에서도 일어납니다. 옛날에는 좋지 않았던 과거가 더없이 소중한 자신의 일부로서 빛을 발하기 시작하는 것입니다.
그의 경우 그렇게 되기까지 몇 년의 시간이 필요했습니다. 대학 공부를 내팽개치고 마작에 빠져 부모에게 반항하던 시기가 있었지만 그런 시간들을 거쳐 그는 심리적으로 상당히 성장한 것 같았습니다. 그는 어느 날 이렇게 말했습니다.

"최근 부모님 마음을 조금은 알 것 같아요. 부모님이 저를 사랑하고 있다고요. 때론 한계를 느낄 때도 있지만 그래도 부모님에게서 태어나 다행이라고 생각합니다."

오셀로 게임의 알은 바둑알과 달리 흑백이 함께 있습니다. 그리고 새로운 돌을 놓을수록 앞에서 놓은 돌은 뒤집어져 흑이 백이 되거나, 백이 흑으로 바뀝니다. 마음의 체험도 이와 비슷한 부분이 있는 것 같습니다. 불확실하다고 생각하면 정말로 불확실합니다. 하지만 그렇기 때문에 인생은 재미있는 게 아닐까요? 열심히 하지 않으면 재미가 없다는 것도 게임과 닮았습니다.

마음이란 무엇일까

마음을 단정 짓지 말자

가을이 저물어가는 어느 날, 전철 개찰구의 어스름한 불빛 사이로 퇴근길의 사람들이 쏟아져 나오고 어디선가 고소한 닭튀김 냄새가 풍겨옵니다.

몇몇 젊은이들이 동사무소에 딸린 구민회관으로 들어갔습니다. 낡고 활기 잃은 건물. 오늘은 그곳에서 '청년 학급' 강연회가 열리는 날입니다. 올해로 7번째를 맞이하지만 예산이 적고, 강사의 강연료도 삭감되어 이번 강연자는 마을의 '교육상담원'인 심리상담사였습니다. 주제는 '마음에 대해' …….

강사의 이야기가 시작됩니다.

"심리학이라는 게 어려운 학문이라고 생각하는 사람이 많은 것 같은데(실제 그렇지 않은가?) 오늘은 즐겁게(그렇게 되면 좋지만 복잡한 건 좀……) 여러분만의 심리학을 만들어 가려고 생각합니다.(뭐라고?)"

"여러분 모두에게 묻겠습니다.(뭐야! 맞추는 거야?) '마음'이란 뭘까요? 그럼 맨 앞에 앉아 계신 분!(나? 싫어. 몰라.) 통과는 세 번째까지입니다(살았다, 통과!). 처음부터 통과군요. 다음 분!

"둥근 거요.(뭐? 마음이 둥근가? 이상한 놈이군.)"

"둥글다고요?(응? 그렇게 대답하면 되는 거야?)"

"다음 분!(그래, 자기가 느끼는 대로 말하면 되는군.)"

"하트 모양!(응, 그건 이해가 돼……)"

"고맙습니다, 하트군. 그럼 다음 분!"

"파도 모양!(뭐, 파도? 맞아…….)"

"네, 파도 모양이요. 다음."

"부드럽고, 따뜻한 거.(그건 이상적이지…….)"

"그렇군요. 다음!"

"비꼬이고 비겁한 거."

"그래요? 비꼬이고 비겁한 거.(비꼬인 견해…….)"

"다음 분!"

"보이지 않는다"(정말!)

"그래요, 보이지 않는다.(전부 다 틀리네.) 다음 분!"

"촛불 같은 것. 처음에는 어둡지만 불이 붙으면 밝아졌다가 결국 꺼져 버린다.(말이 되는군.)"

"맞아요, 마음에도 일생이란 게 있죠. 몇 분에게 물어봤습니다. 여러분 각자의 마음에 전혀 다른 이미지가 있습니다.(정말?) 마음이란 건 그런 겁니다. 남이 결정해 주지 않는 자신의 마음.(맞아, 나만의 것이야. 스스로 느끼는 거야. 누가 가르쳐 주는 게 아니야. 이론적으로는 어떨지 몰라도 마음은 전혀 다를 때가 있지. 사람에 따라 달라. 저 친구의 마음은 둥글고, 또 누구는 비꼬여 있고, 파도도 치고, 따뜻할 때도 있고, 차가울 때도 있고 여러 가지군. 모두의 마음이…….) 그런 개성 있는 마음을 소중히 합시다. 마음은 누가 결정해 주는 게 아닙니다.(그래, 내게 있어 마음은 뭘까? 그때그때 다른데……. 상대에 따라 달라지기도 하고, 장소에 따라 달라지기도 하지. 하지만 전부 다 내 마음…….)"

강의는 계속 이어집니다. 여러 가지 마음의 흐름을 싣고…….

반은 재미 삼아, 반은 억지로
더러운 것을 그대로

맑은 냇물에 물고기가 살 수 없어
다시 탁한 연못을 그리워한다

에도 시대의 시조입니다. 대부분 사람이 살고 있는 곳은 어느 정도 더럽습니다. 깨끗하게 하려면 어딘가에 더러운 것을 감추지 않으면 안 됩니다. 그런 이유에서 동경 디즈니랜드 지하에는 쓰레기 운반용 지하도가 여기저기로 뻗어 있습니다.

사람의 마음도 이와 비슷하기에, 고민을 떠안고 고통스러울 때일수록 외모를 화려하게 치장합니다. 겉치장할 시간조차 없을 정도로 고민하고 있는 사람은, 그리고 내면에도 더러움을 껴안고 있는 자신에게 질려 있는 사람은 아마도 마음이 깨끗한 사람일 것입니다.

요컨대 깨끗함과 더러움이 반반, 하고 싶은 마음과 하기 싫은 마음이 반반이 아닐까요? 두 가지가 함께 공존함으로써 균형이 잡혔다고 할 수 있습니다. 하지만 세상을 살아가지 않으면 안 되니 이런 선택으로 방황하고 있을 수만은 없습니다. 어느 한 쪽을 선택해서 자신의 의견을 가지고 자신의 역할을 하지 않으면 안 됩니다. 놀고 싶은 마음을 접고 일에 전념하거나, 틀에 얽매이고 싶지 않다는 마음을 억누르고 사회의 톱니바퀴가 되어 돌아가지 않으면 안 됩니다. 이렇게 지하로 쫓겨난 '반쪽'은 지상의 '반쪽'과 균형을 이룸으로써 살아갈 수 있는 것입니다. 한 번 본 것만으로는 알 수 없는 잘 노는 사람, 마음만 있는 소심한 사람, 슬픈 피에로, 겸손한 사람 등이 서로 얽혀 있는 건 바로 그 때문입니다.

겉으로 지저분한 사람 혹은 괴팍한 사람이나 냉혹한 사람은 그 나름대로 힘들겠지만 진짜 곤란한 사람은 겉으로 깔끔한 척하는 사람입니다. 이런 사람은 자신의 뒤편에 더러움의 반이 공존하고 있다는 것을 깨닫지 못하거나 잊고 있기 때문입니다. 이런 사람 곁에 있는 주변 사람은 곤혹을 치르게 됩니다. 제아무리 '훌륭한 사람'이라도 가족과 이웃으로부터 평판이 좋지 않은 건 바로 이 때문입니다. 더러운 반쪽도 스스로 받아들이고 살아가는 사람이야말로 '정말 훌륭한 사람'이 아닐까 생각합니다.

심리상담을 받으러 오는 사람들은 대부분 자신의 더러운 반쪽을 알고 있는 이들입니다. 하지만 더러움이 반이 아니라 거의 전부라고 믿고 있는 사람이 많은 것 같습니다. 아마도 줄곧 마음속에 품어 온 신념을 부정할 수는 없을 것입니다.

나도 나름대로 목숨을 걸고 몰래 믿고 있는 신념이 있습니다. 몸도 마음도 모두 지저분한 사람일지라도 그의 '영혼'은 깨끗할 것이라는 믿음입니다. 이러한 신념을 가지고 나는 오늘도 재미 반, 억지 반으로 열심히 심리상담을 하고 있습니다.

마음이 보내는 신호

맑은 날이 있으면 비 오는 날도 있는 마음의 날씨

마음의 병은 눈에 보이는 증상과 징후가 적어 주변 사람으로부터 게으르다거나 투정을 부린다거나 제멋대로 행동한다는 오해를 받는 경우가 있어 의뢰인은 더욱 힘든 고통을 겪게 됩니다.

심리상담을 하러 온 고등학생 소녀는 이렇게 말했습니다.
"너무 외로워서 사는 게 힘이 들어요. 죽고 싶어요. 외과나 내과 환자가 부러워요. 눈으로 확인할 수 있는 병이니까요. 뼈가 부러졌거나 상처를 입었다면 얼마나 편할까요. 내 마음의 고통은 눈으로 보이지 않아서 부모님도 선생님도 친구들도 아무도 이해해 주지 않아요. 괜찮다고 열심히 하라고 격려해 줘요. 그게 나를 더욱 힘들게 해요."

사춘기 청소년이나 청년기 환자들 중 많은 사람들이 비슷한 이 소녀와 같은 고통을 느끼고 손목을 칼로 긋는 등 자해를 합니다. 만일 대동맥이 끊긴다면 목숨을 잃을 수 있는 위험한 행동입니다.

안타깝게도 현대사회에는 스트레스라는 마음의 바이러스가 만연하고 있습니다. 어른들뿐 아니라 아이들조차 정신건강이 좋지 않을 때 이 바이러스에 감염되면 엄청난 사태를 초래하게 됩니다.

하늘이 항상 맑을 수 없듯 우리 마음속도 맑은 날이 있으면 흐린 날이나 비 오는 날, 때로는 폭풍우가 몰아치는 날이 있습니다. 만약 자신의 마음속이 항상 맑다고 말하는 사람이 있다면 아마도 그의 마음은 물 부족으로 바짝 마른 상태일지도 모릅니다.

마음의 바이러스에 감염되면 일시적으로 부조화에 빠지게 됩니다. 불안과 우울, 초조함 등이 찾아오는 것입니다. 이럴 때는 마음속 날씨가 흐린 날이라고 생각하고, 마음의 병을 미리 예방하라는 신호로 받아들여 주십시오.

마음의 부조화나 병은 눈에 띄지 않기에 사람들에게 손가락질을 당하는 경우가 더러 있습니다. 우리는 눈으로 확인할 수 있는 것들에 너무 익숙하기 때문입니다.

앞에 이야기한 소녀는 자신의 마음 상태가 얼마나 위기에 처해 있는지 눈에 확 띄도록 손목을 그어 버렸습니다. 아주 위험한 일입니다. 일이 커지기 전에 방법을 찾을 수 있도록 지금 우리들에게는 마음이 도움을 요청하는 신호를 해독할 수 있는 상상력이 필요하다고 생각합니다.

고통의 너머에는 행복이
고통은 도망칠수록 쫓아온다

우리가 생명의 존재를 깨닫게 되는 것은 문제에 맞닥뜨리거나 고민으로 고통을 겪게 될 때가 아닐까요?

불교에서는 '생로병사'라 하여 사람이 나고 늙고 병들고 죽는 네 가지 고통이 있으며, 삶 자체가 고통과 연결되어 있다고 합니다.

무언가 문제가 생기면 생명이 정체되고 기(근원적인 에너지)가 병들어 몸과 마음에 영향을 미치게 됩니다. 마음속의 영혼이라 불리는 '생명의 강'에 장해물이 생기면 물길이 막혀 원활히 흐르지 못하는 상태가 되는 것입니다. 강물이 탁해지면 정신적 증상을 일으키고, 물이 넘쳐흐르면 신체적 증상을 일으키게 되는 것입니다. 건강하다는 것은 병이 없는 상태를 말하는 것이 아니라 면역력 즉 병을 이겨내는 힘, 회복의 속도, 균형을 잡는 힘이 크다는 것을 말합니다. 눈에 보이는 증상이나 상황은 내적 세계에서 보내는 신호이기에 그 메시지의 의미를 읽어내야 합니다.

사이코 테라피스트는 의뢰인의 '고통의 미로'를 함께 여행하는 무의식 세계의 가이드 역할을 합니다. 의뢰인은 '이 증상이 사라지면, 이 문제가 해결된다면'이라고 호소하며 탈출구가 없는 상태에서 온갖 고통과 괴로움을 겪게 됩니다.

테라피스트는 타인의 목숨에 관여하기에 자신의 생명이 타인의 생명과 연결되어 있다고 사실성을 부여하지 않으면 치유의 힘이 발휘되지 않습니다. 따라서 의뢰인과 테라피스트는 서로의 생명에 직접 연관된 문제를 함께 하고 신뢰해야 상담을 이어나갈 수 있습니다. 그러한 인간관계 속에서 의뢰인의 자가치유력이 활성화되어 근원적인 에너지가 생겨나게 됩니다.

나는 의뢰인의 문제와 증상을 통해 그 사람 특유의 고통을 생산하는 패턴을 찾는 일에서부터 시작합니다. 상담에서는 고통의 의미에 대해 대화를 나누고, 미궁으로부터 의뢰인 스스로 빠져나오도록 도와주는 작업을 합니다.

우리에게는 이 세상에 태어난 의미가 있고, 넘지 않으면 안 되는 인생의 문제가 있습니다. 겉으로 드러난 인생의 문제와 마음속 깊은 곳에 잠재되어 있는 영혼의 문제는 하나로 이어져 있습니다.

죽고 싶을 정도의 고통이라 할지라도 이겨내지 못할 문제는 없을 것입니다. 고통은 불가사의한 것이라 도망치면 도망칠수록 쫓아옵니다. 자신에게 주어진 문제와 정면으로 마주하고 해결하려 한다면 고통으로 가득 찬 미궁의 문이 열리게 될 것입니다. 그 문을 돌아나오면 그곳에 행복이 있습니다. 고통은 회전문과 같아 우리가 고통을 겪고 있는 문제의 뒤편에는 행복이 숨어 있습니다.

진하게 꿈을 맛보자

꿈과의 동행을 더욱 소중하게

꿈을 분석하는 일을 하다 보면 의뢰인들로부터 흥미로운 꿈 이야기를 자주 듣게 됩니다. 그들의 이야기를 들으며 매번 의문이 드는 것은 꿈의 해석에 관한 것입니다.

"돈을 줍는 꿈을 꾸었습니다. 지난주에 경마장에서 돈을 조금 땄더니 그게 꿈에 나왔다 봅니다."

"개에게 물리는 꿈을 꾸었어요. 어젯밤에 옆집에서 개 짖는 소리를 들었더니 꿈에 나왔나 봐요. 근데 배가 하늘을 나는 꿈은 뭘까요?"

대개 의뢰인들은 꿈을 자신의 경험과 관련지으려는 경향을 보입니다. 이처럼 단순히 꿈을 해석하는 수도 있지만 좀 다르게 볼 수도 있습니다. 예를 들어 '돈에 대한 꿈'은 최근 당신의 가득 찬 에너지가 표현된 것일 수 있고, '개 꿈'은 당신의 공격성을 나타내는 것일지도 모릅니다. 현실을 그대로 비추는 것이 아니라 '돈'이나 '개'라는 상징물이 꿈속에 나타난 셈입니다.

꿈을 간단히 넘겨버리면 꿈이 보내온 메시지가 어둠 속으로 사라지게 됩니다. 꿈의 의미나 메시지를 찾고, 가장 중요한 건 꿈과 동행하는 것입니다. 즉 꿈에 대해 연상하고 생각하는 과정을 거치면서 그 꿈의 이미지와 허심탄회하게 동행하는 것입니다. '흰 벽에 얼룩이 묻은' 꿈을 꿨다면 현재 '내 마음속의 얼룩', '생활에 뭔가 신경을 쓰지 못하는 것이 있다'고 생각할지도 모릅니다. 더 나아가 '얼룩'의 이미지를 진하게 맛보는 과정을 거쳐 "왠지 모르지만 이 얼룩에 끌리는데"라는 식으로 받아들여 보십시오. 이 순간이 바로 꿈과의 동행에 변화와 성장을 가져다주는 하이라이트입니다.

어린아이를 대상으로 행하는 놀이치료는 아이에게 놀이로서 표현하게 하여 이를 통해 치료를 해나갑니다. 아이는 단순히 놀이로 치유되는 것이 아니라 자신이 만들어낸 세계를 보고 느끼고 감화되어 스스로 변화를 일으키는 것입니다.

당신의 꿈을 회상하고 느끼고 맛봄으로써 기분 좋은 변화가 일어나기를 바랍니다.

삶의 무거움을 덜어내는
45인의 심리상담소

지금 힘든 건 너무 많은 것을 알아버렸기 때문이다

초판 1쇄 인쇄 2014년 2월 24일
초판 1쇄 발행 2014년 3월 3일

지은이 스가노 타이조 외
옮긴이 박진배
펴낸이 한익수
펴낸곳 큰나무
등록 1993년 11월 30일 (제5-396호)
주소 410-360 경기도 고양시 일산동구 백석동 1455-4 1층
전화 031-903-1845
팩스 031-903-1854
이메일 btreepub@chol.com
블로그 blog.naver.com/btreepub

값 13,000원
ISBN 978-89-7891-284-6 (13190)

이 도서의 국립중앙도서관 출판시도서목록(CIP)은 서지정보유통지원시스템 홈페이지 (http://seoji.nl.go.kr)와 국가자료공동목록시스템(http://www.nl.go.kr/kolisnet)에서 이용하실 수 있습니다.(CIP제어번호: CIP2014004742)

잘못 만들어진 책은 구입하신 서점에서 교환해 드립니다.